DEL FOGON AL MICROONDAS

MYRIAM MARRERO DE FELIPEZ
Dietista—Nutricionista
Lic. Núm. 382

DEL FOGON AL MICROONDAS

1986

EDICIONES

Primera	Diciembre 1985
Segunda	Enero 1986
Tercera	Febrero 1986
Cuarta	Abril 1986
Quinta	Julio 1986
Sexta	Septiembre 1986

MICROWAVE COOKING CENTER

Calle 15, L-12
Urb. Park Gardens
Río Piedras, Puerto Rico 00926

Tel. (809) 755-0660

IMPRESO EN PUERTO RICO

ISBN 0 - 939937-06-9
Derechos Reservados © MMH Librería del Congreso E.U.A.
Prohibida la reproducción parcial o total.

CONTENIDO

Introducción VI
Cocinando por Microondas 1
¿Cómo funciona la microonda? 2
Utensilios 4
Tiempo de Reposo 7
Notas de Interés 7
Técnicas para Converción de Recetas 9
Niveles de Energía (Power Level) 10
Arroces 15
Asopaos 55
Aves 61
Granos (Habichuelas) 95
Huevos 107
Pescados y Mariscos 125
Carnes 153
Vegetales y Frutas 187
Pastas 217
Cereales, Aperitivos, Entremeses
   y Bebidas 229
Flanes, Bizcochos y otros Postres 255
Tabla de Equivalencia 296
Indice Alfabético 297

INTRODUCCION

He pasado los últimos 5 años recopilando y convirtiendo recetas para poder hacer este libro.

Han sido muchas las horas y los días que he pasado adaptando recetas, haciéndolas una y otra vez hasta que salían perfectas, por tiempo y niveles de energía en el horno de microondas. Tengo que darle las gracias, especialmente a mi esposo Ernesto Felípez y a mis hijas Eileen, Angie y Lina, por toda la cooperación probando todos los platos que yo hacía y diciéndome las fallas si no les gustaban y alabándolas cuando salían perfectas. Esa era la mayor felicidad cuando conseguía sacar una receta perfecta. No puedo dejar de mencionar a mi hermana Noelia Gutiérrez y a su esposo Miguel Gutiérrez quienes tanto han cooperado en esta tarea también. Dándome no solamente ánimo, sino también ayudándome en todos los pequeños y grandes detalles que conlleva publicar un libro.

A todas las señoras que en alguna u otra forma con sus requerimientos me han pedido este libro. A todas las que han pasado por mis clases, ya sea en mi escuela "Microwave Cooking Center", o por las tiendas J.C. Penney donde les daba sus demostraciones y les enseñaba como poner a funcionar sus hornos. A todos los televidentes que seguían mis recetas por el Canal 4, WAPA TV y me pedían mi libro, a la gerencia de WAPA TV por darme la oportunidad de llegar a sus hogares a través de la televisión. A la compañía Kitchen Consultant de Whittier, California, por haberme honrado dándome el puesto en su compañía como consultora especializada en microondas. Gracias a todos.

Espero que este libro les sirva y les ayude a facilitar su trabajo en su cocina, y sobre todo, a usar su microondas todo el tiempo.

COCINANDO POR MICROONDAS

Cuando decimos cocinando con microondas, realmente lo que estamos diciendo es que estamos cocinando, horneando, calentando y descongelando alimentos por medio de la energía producida por las microondas. Al horno de microondas se le ha llamado horno por ser lo más parecido a un horno convencional, pero puede hacer todas las funciones de la hornilla convencional o su horno primitivo.

Y esto lo hace tomando menos tiempo, requiriendo menos atención nuestra y haciéndonos mucho más fácil la tarea de limpiar la cocina. Alimentos que se hacían en el horno convencional se hacen hoy en el microondas con igual sabor y a veces mejorando el sabor, aunque la apariencia pueda ser un poco distinta. Por ejemplo, cuando tenemos una corteza tostada, como un pan, el horno de microondas no la dá porque mantiene la temperatura ambiental y no hay ningún calor seco, como sí lo tenemos en el horno convencional. Ahora estas pequeñas desventajas del horno de microondas son compensadas por métodos y accesorios que tenemos para lograr la misma apariencia que en el horno convencional con un mínimo de tiempo usando el microondas.

También tenemos ya en el mercado hornos de microondas que incluyen la opción de horno convencional y microondas, combinadas en una unidad. Los llamamos "Microwave Convection Ovens". La idea de este libro no es solamente dar algunas recetas de cocina criolla e internacional ya adaptadas a la microondas, sino enseñarles las destrezas y las técnicas que debemos seguir para lograr siempre éxito cocinando con microondas.

COMO FUNCIONA LA MICROONDAS

Microondas son ondas muy cortas, de la frecuencia de la banda de radiodifusión. El horno funciona similar a la Radioemisora. Podríamos decir que en efecto es una Radioemisora en miniatura.

La microonda es un tipo de energía igual a la onda de radio "AM" (Amplitud Modulada), "FM" (Frecuencia Modulada), o "C.B.", (Citizen Band Radio), pero que el largo de dicha onda, es mucho más corta.

Las ondas de radio se extienden desde la radioemisora hasta radio receptores ubicados a larga distancia. En el horno las microondas se confinan en su interior exclusivamente. No salen afuera. Cuando la puerta del horno es cerrada y la tecla que lo hace funcionar es oprimida, un trasmisor llamado "Magnetron" envía una señal a un "receptor" también dentro del horno.

Al momento de usted abrir la puerta, la transmisión de microondas se detiene instantáneamente, en la misma forma que un radio receptor deja de escucharse, cuando la radioemisora sintonizada se retira del aire. Mientras la puerta del horno microondas esté abierta no hay microondas en la cavidad del horno.

La energía generada por el tubo "Magnetron" la recibe el distribuidor, el cual la dirige hacia el interior metálico del horno. Las microondas no penetran a través del metal, y por tanto rebotan hasta penetrar el alimento donde se produce el calor que lo cocina. Las microondas hace que las moléculas friccionen entre sí a ritmo tan acelerado, que generan el calor necesario para cocinar el alimento. Las ondas penetran de 3/4" a 1 1/4" a través de toda la superficie del alimento. A esta profundidad, las microondas son absorbidas por las moléculas de humedad, azúcar y grasa en el alimento, las cuales comienzan a cocinarse. El calor generado a este nivel, se transmite hacia el centro y hacia la superficie del alimento. El alimento se cocina por el calor generado en su interior, y no por contacto con el aire caliente, como sucede en hornos primitivos.

Cocinar por medio de microondas puede economizar energía y por tanto reducir la facturación eléctrica. También se economizará al hornear porque no hay que pre-calentarlo antes.

ALGUNOS ALIMENTOS COCINAN EXCEPCIONALMENTE EN EL MICROONDAS

Algunos alimentos se cocinan tan bien en el microondas, que posiblemente usted no desee cocinarlos en otra forma. Aquellos alimentos que requieren moverse constantemente cuando se cocinan en la hornilla, tales como salsas y dulces, sólo requieren moverse ocasionalmente en el horno de microondas. Algunos de ellos se pueden medir, mezclar y hasta cocinar en el mismo utensilio y por lo tanto significa menos fregado.

El excelente sabor y cuerpo con que quedan el pescado, las frutas y los vegetales es tal vez principal razón por lo cual usted quiera hacerlos siempre en el microondas. Economizar tiempo es siempre importante, pero eso queda en segundo lugar de importancia cuando lo medimos con el exquisito sabor y textura de estos alimentos.

Además, hay cosas **únicas** cocinado por microondas, las cuales no se pueden hacer de ninguna otra forma. Por ejemplo:

1. **VEGETALES** - Retienen su frescura, textura y color brillante cuando se hacen en microondas, y lo más importante, no pierden ningún valor nutritivo ya que no se usa agua, y de usarse es una cantidad mínima.

2. **PAPAS ASADAS** - Quedan blandas y suaves. Como beneficio adicional, usted economiza tiempo y energía. Una papa toma alrededor de 4 minutos en "High". Se deben escoger las papas lo más uniforme posible, luego se multiplica el tiempo que tarda una porción por el número de porciones a cocinar y se le resta una cuarta parte del tiempo total. Por ejemplo: Si hacemos 4 papas - 4 x 4 = 16 minutos. Menos 1/4 parte del tiempo, que sería 12 minutos en total.

3. **SOBRANTES** - Estos alimentos retienen su humedad natural y saben como si estuvieran acabados de hacer. Los asados de carne no quedan con sabor a "sobras" y el arroz, recalentado no se sobrecuece.

4. **DESCONGELAR** - Lo hace rápidamente. Una libra de carne molida está lista para cocinarse en 8 a 10 minutos. Calcula el tiempo que tarda cada alimento que desea descongelar de acuerdo a las tablas que trae su libro de cocina en microondas. Si su horno no altera entre períodos de descongelar y períodos de reposo, divida usted mismo el tiempo de descongelar en 3 ó 4 partes y deje reposar entre medios. (El botón de "Defrost" divide en cuatro partes el tiempo de descongelar y reposa entre medio, al igual que el "Auto Defrost").

5. **OTROS USOS SON PARA:**
   1. Derretir chocolate. Póngalo en el accesorio en que lo va a usar, o déjelo envuelto en su papel. "High" de 30 segundos a 1 minuto.
   2. Bizcochos estarán listos en 10 minutos. Quedan más blandos y húmedos.
   3. Para derretir mantequilla en segundos.
   4. Para derretir queso para salsas o fondúes.
   5. Para restaurar el tostadito a papitas, galletas, etc., que se le hayan ablandado por la humedad. Poner en una servilleta o papel toalla, aproximádamente 2 tazas por un minuto en "High".
   6. Para sacar más jugo a los limones, chinas, etc. Por ejemplo: Un limón pequeño del país, 10 segundos en "High": Recuerde que mientras más grande sea la fruta más tiempo hay que darle.
   7. Después de haber sido probado éste en repetidas ocasiones, quiero poner esta recomendación en este libro. cuando a los aguacates les falta de uno a dos días por terminar de madurarse, con simplemente ponerlos en el horno de microondas por un minuto en "High", sacarlo, dejarlo reposar hasta que ésté a temperatura de ambiente, va a tener el aguacate listo para ese mismo día. ¡Ojo! que no haya estado refrigerado.

UTENSILIOS

1. **Cristal** - Debe ser resistente al calor, tales como Pyrex, Corning Ware, Fire King, French Cookware, Glasbake, etc. No use recipientes de cristal que tengan bordes metálicos ni cristalería fina que pueda romperse con el calor de la comida.

2. **Cerámica y Barro** - La mayoría son resistentes al calor, pero no deben tener bordes metálicos ni pinturas metálicas. Estos recipientes pueden tener óxidos metálicos en el barro o en el acabado (glaze), que absorben microondas y se calientan. Es importante hacer la siguiente prueba para asegurar que son a prueba de microondas: Ponga agua en una taza de medir y el recipiente en el horno. Si hace "arcing" arqueo, sáquelo pues su mezcla contiene metal. Al cabo de los 2 minutos, el agua estará hirviendo y el molde se debe poder tocar con las manos.

3. **Plástico** - Todos son transparentes a las microondas, pero debe tener cuidado, pues no todos son resistentes al calor de la comida. Algunos pueden ponerse blandos y perder la forma. A menos que sean hechos especialmente para hornos de microondas no se deben usar recipientes plásticos para cocinar por largos períodos de tiempo o comidas con alto contenido de azúcar y grasa. Los moldes plásticos tienen la ventaja de ser livianos, y fáciles de fregar. Hay una gran variedad en el mercado: Rubbermaid, Tupperware para microondas, Anchor Hocking y otros más.

4. **Bolsas de Hornear y bolsas plásticas** - Las bolsas de hornear son excelentes para uso en microondas, siempre que se amarren debidamente y las puntas del alambre no queden levantadas, pues actuarían como una antena y ocurriría un "arcing" (descarga de electricidad estática). Las bolsas, ya sean de hornear o las bolsas selladas de algunos alimentos congelados, deben hacerseles aperturas (pincharlas) para dejar escapar el vapor y así evitar que la bolsa explote, derramando su contenido. Las bolsas plásticas corrientes no se recomiendan para cocinar si lo que estamos cocinando lleva más de 2 minutos.

5. **Papel** - Platos, servilletas, tazas, papel toalla, cartón, papel encerado, papel para guardar alimentos congelados ("freezer-wrap") son bien transparentes a las microondas y buenos para alimentos que se cocinan en poco tiempo y no contengan mucha grasa, humedad o azúcar. No use tazas o platos encerados, pues el calor de la comida puede derretir la cera. La mejor manera de cocinar tocineta es sobre papel toalla en un plato de cartón. Al recalentar panes se recomienda envolverlos en servilleta para que absorban el exceso de humedad. Los panes se calientan en "Low" y por segundos.

6. **Paja, Madera, Rafia, Pajilla** - Solo para períodos muy cortos, como para calentar panecillos.

7. **Conchas, Caracoles** - Son transparentes a las microondas. Ideales para cocinar y servir platos a base de pescado y mariscos.

8. **Metal** - En la mayoría de los hornos hay excepciones en cuanto al uso de metales, se puede usar papel de aluminio, siempre y cuando la cantidad de metal sea mucho menor que la cantidad de comida y ésta no toque las paredes del horno en ningún momento, pues puede ocurrir "arcing" o arqueo. Se puede cocinar "TV Dinners" de menos de 3/4" de profundidad. Se saca de su caja, se le remueve el papel de aluminio que lo cubre y se vuelva acomodar la bandeja en la cajita. Se tardan de 6 a 10 minutos en "High". Se puede usar papel de aluminio en pequeñas cantidades, para proteger partes menos densas de algunos alimentos, tales como las alas de pollo, las puntas de los muslos, etc.

9. **Como tapar los utensilios** - Los utensilios especiales para microondas casi todos traen su propia tapa. En el caso de que no traigan tapa y una receta explícitamente pida que hay que tapar el alimento, si es para crear humedad, para sellar, tenemos que usar papel plástico especialmente hecho para microondas. En este caso tenemos en el mercado el papel "Glad", "Saran Wrap", "Reynolds" y otros, pero deben decir "Microwave". Cuando no queremos exceso de humedad, cuando no necesitamos la humedad en el alimento para cocinar, cuando no es necesario sellar el alimento para tener un éxito completo en la receta, podemos usar entonces el papel encerado "Wax Paper". El papel encerado lo vamos a usar para proteger nuestro horno, que se mantenga limpio. Para evitar que se salpique el horno y se nos ensucie. El papel toalla en algunos casos lo usaremos también, como ya dijimos anteriormente, para cocinar tocineta, etc. Y el papel aluminio lo vamos a utilizar según explicamos anteriormente y especialmente en los casos de asados que tenemos que poner a reposar, para que termine su cocción fuera del horno de microondas. Desde luego, cuando digamos en las instrucciones que hemos de tapar el alimento con papel de aluminio, lo que necesitamos es retener el calor que ese alimento ha generado y que todavía mantiene dentro de sí en su etapa de

reposo. Etapa de reposo es una parte muy importante al usted cocinar en microondas, y la explicaremos más adelante.

TIEMPO DE REPOSO

Alimentos tales como asados, bizcochos y arroces se les dá un período de reposo ("stand in time"), a fin de que terminen de cocinarse. Esto es necesario en cualquier de los métodos, Microondas y Convencional, con la diferencia que en el microondas el alimento **no** hay que ponerlo sobre un anaquel de enfriamiento. En toda receta que indique tiempo de reposo, deben de seguirse las instrucciones. Este tiempo es importante para terminar de cocinar el alimento.

NOTAS DE INTERES

1. La cantidad de tiempo que se va a llevar su receta puede variar de un día para otro. ¿Por qué pasa esto? Dependiendo de la cantidad de energía eléctrica (voltaje) que esté entrando en su casa así tardará su receta en cocinarse. Yo he hecho recetas en 6 minutos y cuando las vuelvo a repetir, a otra hora del día, me ha tomado hasta 10 minutos. El nivel de energía o voltaje entrando en su casa es crítico en cuanto al tiempo que va tardar una receta. Pero siempre observe las reglas del microondas, pongan el mínimo de tiempo si hace falta añadirle tiempo a esa receta porque le hace falta cocinarse más, vaya añadiendo de minuto en minuto, de segundo en segundo, si es necesario.

2. A través de mi experiencia, en las pruebas que he hecho en mi microondas, **definitivamente cuando vamos a usar papel plástico para sellar un alimento, no es necesario darle ventilación ni hacer agujeros en el papel para dejar que escape el vapor.**
Si necesitamos el vapor, por ejemplo, para hacer vegetales frescos, es necesario conservar todo el vapor que nos van a dar los vegetales para eliminar el uso de agua y así conservar más vitaminas dentro de nuestro alimento. Cuando tenemos una

receta, como por ejemplo, arroz blanco, o granos secos que necesitan hidratarse, es necesario que la tapa del accesorio que estemos usando para microondas selle perfectamente bien. Por que si no, se nos va a escapar el vapor y no vamos a obtener los resultados que queremos.

3. Si su horno no tiene un medidor de temperatura, lo que llamamos un microtermómetro ("probe"), es recomendable adquirir el termómetro que viene especialmente para microondas o cualquier termómetro de medir temperatura en los alimentos que sirva para "casseroles", y los asados para que al sacarlos de nuestro horno de microondas saber la temperatura exacta.

4. Cuando ustedes practiquen una receta en su horno de microondas, normalmente le dice el tamaño del utensilio o plato a usarse. Si no tuviese el tamaño siempre trate de usar un plato donde tenga sitio para más de la mitad de esa receta. Nunca se deben llenar los accesorios o utensilios que estemos usando para cocinar en microondas hasta el borde. Puede hervir y perderse la mezcla de lo que estamos haciendo.

5. Un consejo útil para mantener su horno limpio, proteja los alimentos que puedan ensuciarle el horno como dijimos anteriormente, usando papel encerado para proteger, para que no se hagan salpicaduras en su horno. Limpiar un microondas es una de las cosas más fáciles que tenemos en la cocina moderna. Simplemente con una esponja húmeda, pásela por los interiores del horno y las paredes, y luego pase un papel toalla seco o una toalla seca. Si tiene algún sucio que le sea más difícil de remover, se puede poner una taza de agua a hervir. Con la humedad y el vapor de la taza de agua al hervir, va a facilitar remover cualquier sucio resistente. Si tiene mal olor en el horno añada 1/2 limón al agua. Nunca se debe usar abrasivos (polvo de limpiar) en su horno microondas. Recuerden que la terminación de su horno microondas es una terminación muy fina.

TECNICAS PARA CONVERTIR RECETAS A MICROONDAS

Para convertir recetas a microondas busque en su libro de cocina una con los ingredientes parecidos y siga las instrucciones. Muchas recetas se pueden cambiar de convección en microondas, sin alterar el contenido de la receta. Ahora, si deseamos alterar el contenido de la receta: 1- **Grasas** no son necesarias para cocinar en microondas, añadale una cucharada de aceite o mantequilla por el sabor. 2-**Líquidos** debido a que no hay grandes cantidades de evaporación en su microondas, disminuya a 1/2 el líquido. 3- Al cocinar en microondas se desarrollan más los sabores naturales de los alimentos. Tenga cuidado con la sal y exceso de condimentos. 4- El cambio mayor será en el tiempo. Si no consiguió una receta similar con tiempos, déle de 1/3 a 1/4 tiempo Convencional.

NIVELES DE ENERGIA

Para terminar la introducción de cocinar por microondas, tenemos que tener bien claro qué son niveles de energía. El nivel de energía de su horno de microondas es exactamente lo mismo que usted tiene o tenía anteriormente en su cocina primitiva.

Cuando poníamos a hervir algo y luego bajábamos la cantidad de calor para ponerlo a una temperatura baja para que se terminase de hacer a fuego lento. Ahora tenemos en nuestro microondas una nueva visión, una nueva terminología: Niveles de Energía (power level).

POWER LEVEL en algunos hornos se llama "Cook Control". Es necesario que tengamos bien claro que en un horno de microondas casi todos funcionan con el 100% de energía, a menos que lo variemos. Quiere decir que si el horno de microondas tiene 700 a 650 vatios está dando total de la fuerza de esos vatios en el momento que lo ponemos en "High". Todas las recetas que acompañarán este libro van a tener su nivel de energía especificado. Para tener una idea general de qué son los tiempos de energía, a continuación vamos a estudiar esta tablita que se acompaña:

Porcentajes de Energía	Nombre que frecuentemente se le da	Tiempo requerido para hervir 1 taza de agua a temperatura de ambiente
100%	High - Máxima Energía	2 a 2 1/2 minutos
70%	Medium High - Máximo Medio	3 1/2 a 4 1/2 minutos
50%	Medio - Medio y "Simmer" que es hirviendo a fuego bajo	4 1/2 a 5 1/2 minutos
30%	Medium Low - Medio Bajo	5 1/2 a 6 1/2 minutos
10%	Low - Bajo	6 1/2 a 7 minutos

Es bien importante seguir los tiempos de niveles de energía que se dan en las recetas, ya que de ellos va a depender el éxito de esas recetas. Por ejemplo, cuando estamos haciendo flanes. El flan nunca debe de hervir en su horno de microondas, es necesario e indispensable que usemos un nivel de energía bajo, o sea Medium, mediano, como lo manda la receta.

IMPORTANTE

TODAS LAS RECETAS EN ESTE LIBRO HAN SIDO PROBADAS EN HORNOS DE **550 - 600 - 650 y 700 watts.** SI SU HORNO TIENE MENOS POTENCIA (WATTS) AÑADA UN POCO MAS DE TIEMPO.

RECUERDE QUE USTED SE TIENE QUE FAMILIARIZAR CON SU HORNO HASTA LOGRAR LA PERFECCION EN TODO LO QUE EN EL COCINE.

ARROCES

ARROCES

RECETARIOS Y DATOS SOBRE COMO COCINAR ARROCES

Cuando pensamos en el arroz tipo puertorriqueño, el arroz criollo, no concebimos hacerlo en microondas. Sin embargo, vamos a notar que tendremos una gran ventaja y mucha facilidad al hacerlo en microondas. Por ejemplo, al fregar es mucho más conveniente ya que no tenemos un caldero con "pegao". No hay posibilidad de que se nos ahume el arroz o que se nos sobrecocine. Siempre vamos a obtener un arroz perfecto cuando empecemos a usar las técnicas que vamos a dar más adelante en este capítulo.

La otra ventaja que yo considero de más importancia es rendimiento. Si antes usábamos 2 tazas de arroz, vamos a notar ahora que con una taza de arroz es suficiente. Si teníamos que cocinar 3 tazas, con 2 tazas nos va a rendir igual. O sea que el arroz rinde más, aumenta el volumen. Prácticamente no necesita ninguna manipulación cuando lo estamos cocinando. Simplemente le añadimos los ingredientes y el tiempo necesario, no hay que estarlo moviendo ni vigilando ya que el horno se apaga solo al final del tiempo necesario. Otras de las ventajas increíbles que nos ha traído el microondas en los arroces es lo fácil que es recalentar el arroz. Podemos preparar arroz blanco para dos o tres días, y recalentar una taza de arroz de uno a dos minutos en "High", y así vamos a tener un arroz con la textura y el sabor como si estuviera acabado de cocinar.

El "pegao", tradición de nuestra cocina puertorriqueña, no se logra en microondas cuando estamos preparando una olla en su totalidad. Pero sí podemos coger una cucharada de arroz, o la cantidad que nos interese, ponerlo en un platillo que pueda ir a su microondas y poner en "High" por 1 minuto o más, y vamos a tener "pegao".

Si toda la familia come "pegao" (raspa) puede volver a poner la olla destapada de 3 a 5 minutos, y tendrá el "pegao" en la parte de arriba y abajo el arroz.

METODOS PARA PREPARAR ARROZ EN MICROONDAS

1. Caliente el agua en "High", temperatura máxima de 4 a 5 minutos, hasta que empiece a hervir. Añada la sal, aceite y el arroz. Cocine tapado en "Medium Low" de 10 a 12 minutos, para una taza y 15 minutos para 2 tazas. Deje reposar.

Yo encuentro este método más complicado que el que a través de los años he estado usando en el microondas. El método que yo prefiero es el siguiente:

2. Se mide el agua, el arroz, el aceite y la sal. Se mueve, se pone todo junto y procedemos a cocinarlo en "High", temperatura máxima, 10 minutos por la primera (1) taza de arroz y 5 más adicionales por cada taza adicional. O sea, si vamos a utilizar dos tazas de arroz, necesitamos utilizar 15 minutos. Si estamos haciendo 3 tazas de arroz vamos a utilizar 20 minutos. Cuando el horno apaga, procedemos a chequear el arroz para ver si ha consumido toda el agua, sin destaparlo, y ponerlo a reposar. El reposo debe de ser de 5 a 20 minutos, dependiendo de la cantidad de arroz que estemos haciendo. Después que haya reposado lo vamos a mover con un tenedor. Siguiendo estas instrucciones nunca tendremos un arroz "amogollado", ni unos granos crudos y otros más hechos. Es muy importante que la olla que estemos usando para hacer el arroz tenga un buen sello. Hay muy buenas para hacer el arroz, como la Pyrex con tapa de 4 cuartillos, la Rubber Maid de 4 cuartillos o de 2 cuartillos, y la Tupperware, todo dependiendo de la cantidad de arroz que ustedes cocinan. Otra forma de hacer el arroz en microondas que sería la tercera, es usando el teclado automático de microondas, o las codificaciones automáticas. Algunos de los hornos que vienen con teclado electrónico, tienen "COOK CODE" o "AUTO SENSOR": Vamos a mezclar todos los ingredientes y poniendo bien tapado el accesorio en donde estemos haciendo el arroz, y escoger la codificación que el libro nos recomienda. En el momento que estamos cocinando con AUTO SENSOR o

codificación automática para hacer el arroz, el horno lo va a hacer a través del sistema de sensibilidad de humedad que trae. El horno no se debe abrir hasta que empiece a mostrar los minutos que faltan para terminar. El arroz va a tardarle, si usa el AUTO SENSOR o AUTO CODIFICACION, para hacerlo, aproximádamente de 15 a 20 minutos. Se debe seguir las mismas precauciones. Sacar la olla sin destapar. Dejar reposar y después que haya reposado de 5 a 20, moverlo con un tenedor.

MEDIDAS DE AGUA Y ARROZ

1. Grano Corto - Por cada taza de grano corto, usar una taza de agua más 1/4 ó 1/2 taza de agua adicional al total de tazas.

POR EJEMPLO: Si vamos a hacer 3 tazas de arroz grano corto, le vamos a añadir 3 1/4 tazas ó 3 1/2 tazas de agua al arroz. Si quieren el grano más suelto, van a usar 1/4 taza. Si desean un grano más húmedo van a usar 1/2 taza.

2. Grano Mediano - Para grano mediano, por cada taza de arroz, 1 1/2 taza de agua más el 1/4 ó 1/2 de taza adicional que mencionáramos antes.
3. Grano Largo - Para grano largo, vamos a usar de 1 1/2 a 2 tazas de agua por taza de arroz, más el 1/4 a 1/2 taza adicional. Por experiencia, cocinando el grano largo, 1 1/2 taza de agua por taza de arroz, más el 1/4 ó 1/2 taza adicional nos dá un arroz perfecto todo el tiempo.

NOTA:

Recuerde que es muy importante, cuando haya apagado su horno, sin destapar el recipiente donde estamos haciendo el arroz, verificar que haya absorbido toda el agua. Inmediatamente dejarlo reposar, tapado, de 10 a 20 minutos antes de moverlo con un tenedor. Con eso vamos a lograr que nos quede más suelto y nos quede cocido uniforme, todos los granos. Si al terminar el tiempo todavía hay líquido en el arroz, lo volveremos a poner en el microondas de 1 a 3 minutos adicionales.

Recetas de Arroces

ARROZ BLANCO BASICO

INGREDIENTES:

2 tazas de arroz grano largo
3 1/2 taza de agua
2 cucharaditas de sal
2 cucharaditas de aceite

PROCEDIMIENTO:

Mezclar todos los ingredientes, preferiblemente en la olla para microondas, de 2 a 3 cuartillos. Tape y cocine por 15 minutos en "High". Deje reposar de 5 a 15 minutos antes de moverlo con un tenedor.

NOTA: Al cocinar arroz en microondas podemos suprimir el aceite, si hay una dieta restringida en grasa, o si queremos consumir menos calorías.

ARROZ BLANCO CON TOCINO

INGREDIENTES:

2 tazas arroz grano largo
3 1/2 taza de agua
1 cucharadita de sal
2 oz. tocino picado en pedacitos pequeños

PROCEDIMIENTO:

Sofría el tocino de 2 a 3 minutos en "High". Añada el resto de los ingredientes y cocine tapado por 15 a 18 minutos en "High". Deje reposar de 5 a 15 minutos antes de moverlo. Recuerde, no debe destapar su olla de arroz hasta después del tiempo de reposo.

ARROZ CON VEGETALES

INGREDIENTES:

1 lata de 1 lb. de zanahoria en cuadritos
1 lata de 1 lb. de guisantes ("Petit Pois")
1 cucharadita de sal
4 cucharadas de mantequilla o margarina
2 tazas de arroz grano corto
2 1/2 taza de agua

(En las 2 1/2 tazas de agua, vamos a medir el líquido de las zanahorias y de los "Petit Pois" enlatados, y así podemos completar las 2 1/2 tazas de agua que necesitamos para hacer el arroz.)

PROCEDIMIENTO:

Mueva bien todos los ingredientes y ponga en el microondas por 15 a 20 minutos, en "High". Al finalizar los 15 minutos, mueva el arroz con un tenedor. Vuelva a poner en su microondas de 15 a 20 minutos. Ponga a reposar. Esta receta rinde para 8 personas.

ARROZ CON REPOLLO Y LIMON

INGREDIENTES:

1 taza de repollo picado
1/4 lb. de mantequilla
1 cebolla mediana picada
5 lonjas de tocineta
1 cucharada de salsa soya
1 lata consomé de res o pollo
1 lata de agua
2 tazas de arroz grano largo
Sal a gusto
1/4 taza de queso parmesano
2 cucharadas jugo de limón

PROCEDIMIENTO:

En una olla para cocinar en microondas, que tenga una buena tapa, de aproximadamente 3 cuartillos, colocar el repollo picado, la tocineta, la cebolla picada. Sofreirla de 3 a 4 minutos en "High" en el microondas. Luego añadirle el resto de los ingredientes y cocinar por 20 minutos. Dejar reposar tapado, sin destapar en ningún momento, de 10 a 20 minutos. Al cabo de este tiempo, mover el arroz con un tenedor. Esta receta rinde para 8 personas.

ARROZ CON CHORIZO RAPIDO

INGREDIENTES:

6 chorizos
2 cucharadas de sofrito
2 cucharadas de salsa inglesa
2 tazas de arroz grano corto
Perejil a gusto, o culantro
Un sobre de condimento
2 1/2 taza de agua

PROCEDIMIENTO:

En una olla apropiada para arroz, de 2 a 3 cuartillos, combine todos los ingredientes. Cortando los chorizos en rebanaditas, mezcle todo bien. Ponga su olla tapada en su horno en "High", de 15 a 18 minutos. Sin destapar la olla, ponga a reposar por aproximadamente 10 a 20 minutos. Luego destape su ollita de arroz y mueva con un tenedor.

ARROZ CON GANDULES

INGREDIENTES:

1 lb. de gandules o lata de gandules hervidos
1 lb. de carne de cerdo picada en pedacitos
2 cucharadas de sofrito
1 sobre de sazón con color
1 cucharada de salsa inglesa
Sal a gusto
Perejil o recao, a gusto
2 tazas de arroz grano largo
3 1/2 taza de agua

PROCEDIMIENTO:

Sofría todos los ingredientes, excepto el arroz, gandules y el agua, por aproximadamente 8 a 10 minutos en "High". Luego agregue el arroz, el agua, los gandules y mezcle bien. Cocine por 15 a 18 minutos en "High". Ponga su olla a reposar de 15 a 20 minutos tapada. Esta receta rinde para 8 personas.

NOTA: Mida el líquido de los gandules y complete con agua las 3 1/2 tazas.

ARROZ FACIL

INGREDIENTES:

1 sobre de sopa "Chicken Noodle Soup"
1 barra mantequilla o margarina
2 tazas de arroz grano largo
3 1/2 taza de agua

PROCEDIMIENTO:

En la olla apropiada para microondas, que tenga una buena tapa, de aproximadamente 2 cuartillos, sofreír la mantequilla con el sobre de sopa "Chicken Noodle Soup" en "High" de 2 a 4 minutos. Si se le han pegado los fideos, moverlos con un tenedor, para luego añadirle el agua medida y el arroz. Volver a tapar y a poner en su microondas por 15 minutos en "High". Luego dejamos reposar con la tapa puesta por aproximadamente 10 a 20 minutos. Vamos a mover el arroz con un tenedor.

NOTA: Si desea usar arroz grano corto, por dos tazas de arroz grano corto, añadir 2 1/2 tazas de agua. El procedimiento es el mismo.

ARROZ HAWAIANO

INGREDIENTES:

2 tazas arroz grano largo
1 1/2 taza piña enlatada (Chunk) - la cortada en pedacitos
3/4 salsa de tomate
2 cucharadas de sofrito
1 taza de jamón de cocinar picadito en pedazos
2 cubitos de pollo
Aceitunas a gusto
1 lata de pimientos morrones, pequeña, picados en tiritas
3 1/2 taza de agua
1/4 taza de pimiento verde picado
Medir el jugo de la piña para completar el agua.

PROCEDIMIENTO:

En un accesorio apropiado para hacer arroz en su microondas, sofreir todos los ingredientes, excepto el arroz, el agua, los pimientos morrones y la piña, por 5 minutos en "High". Luego añadir los demás ingredientes y volver a colocarlo en el microondas bien tapado, por 15 a 18 minutos en "High". Dejar reposar por aproximadamente 10 a 20 minutos. Luego mover con un tenedor. Esta receta rinde para 8 personas.

NOTA: Este arroz lo puede servir en una piña picada horizontalmente, dejándole la moña (hojas), y ahuecándola. Si la va a servir así, utilice 1 1/2 taza de pedazos de piña fresca y omita la piña enlatada.

ARROZ PILAF

INGREDIENTES:

1 lata de hongos (setas) de 6 a 8 oz.
2 cdas. mantequilla
1 cebolla mediana (finamente picada)
1/2 taza de perejil
1 lata de consomé de carne
1 lata de agua
2 tazas de arroz (se puede sustituir por MINUTE RICE)
1 cdta. salsa Worcestershire (salsa inglesa)
Sal, ajo molido y pimienta a gusto
1/4 taza queso parmesano

PROCEDIMIENTO:

En el recipiente donde vaya a hacer arroz, ponga la mantequilla, perejil y cebolla en "High" por 3 minutos. Añadir el resto de los ingredientes excepto el arroz y mezcle bien. Poner en "High" por 8 a 10 minutos hasta que hierva. Añadir el arroz y cocinar tapado en "High" por 10 a 15 minutos. Dejar reposar tapado por 10 minutos. Si usa MINUTE RICE, sacar el molde al hervir los líquidos, añadir el arroz y dejar reposar fuera del horno por 15 minutos. Mover con un tenedor después del reposo.

ARROZ CON POLLO A LA BORICUA

El arroz con pollo del país es un plato que no desaparecerá nunca de la mesa puertorriqueña. Esta receta, aunque nos da un poco de más trabajo, es la que se ha confeccionado a través de los años en Puerto Rico.
Comencemos a confeccionar nuestro arroz con pollo a la Boricua, esta vez no en el fogón sino en el microondas.

INGREDIENTES:

3 lbs. pollo fresco, cortado en presas
Adobo para la carne de pollo:
   2 granos de ajo
   2 granos pimienta
   1 cucharadita orégano seco
   2 1/2 cucharadita de sal
   2 cucharadas de aceite de oliva
   1 cucharadita de vinagre o jugo de limón

Mezclar y adobar la carne tres horas antes de comenzar a confeccionar el arroz.

Sofrito
   1 cucharadita de aceite vegetal
   1 oz. de tocino
   2 oz. de jamón de cocinar
   1 cebolla picada en pedacitos
   1 pimiento verde picado en pedacitos
   1 tomate maduro picado en pedacitos
   2 ajíes dulces picados en pedacitos
   3 hojas culantro
   1/2 cucharadita de sal

2 aceitunas rellenas
1 cda. alcaparras
1/4 taza salsa de tomate
1 sobre "Sazón" con azafrán
3 tazas de arroz grano largo
1 lata (1 lb.) guisantes verdes (petit pois)
1 lata (4 oz.) pimientos morrones
4 1/2 taza de agua

PROCEDIMIENTO:

En olla de 4 a 5 cuartillos (apropiada para microondas y con tapa de sellado perfecto), mezcle las presas de pollo **previamente** adobado, y luego los ingredientes del sofrito. Cocinar en "High" por 15 a 20 minutos (olla tiene que estar sellada con su tapa).

Agregar arroz y agua (4 1/2 tazas de agua... **ni una más ni una menos:** además del resto de los ingredientes (excepto guisantes "Petit Pois", y pimientos morrones) y cocinar en "High" por 20 a 25 minutos.

Poner en reposo (sin destapar la olla) por 20 minutos. Mover el arroz con tenedor y luego decorar con guisantes "Petit Pois" y pimientos antes de servir.

Sugerencias

Un toque distinto al arroz es añadir vino blanco. Esto se haría en combinación o en sustitución del agua.

NOTA: Si al sacar a reposar el arroz le queda líquido, volver a poner de 3 a 6 minutos adicionales. Si cuando mueve el arroz encuentra algunos granos duros, rocear un poco de agua y taparlo y ponerlo por unos minutos más. Volver a reposar y luego moverlo. Rinde para 12 personas.

Arroz con Pollo, plato que salió del FOGON directamente al MICROONDA. ¡Buen provecho!

ARROZ CON MAIZ

INGREDIENTES:

2 tazas arroz grano corto
1 taza de maíz en grano enlatado
1 barra de mantequilla o margarina
1/2 taza jamón cocinar picadito (opcional)
2 1/2 taza de agua
Sal a gusto

PROCEDIMIENTO:

En un recipiente apropiado para hacer arroz en su microondas, derretir la mantequilla o margarina, un minuto en "High". Luego añadirle todos los ingredientes, mover y volver a poner en su microondas, tapado de 15 a 18 minutos en "High". Deje reposar de 10 a 20 minutos y moverlo con un tenedor para servirlo. Esta receta rinde para 6 a 8 personas.

NOTA: Para hacer el arroz con maíz solo, sin el jamón de cocinar simplemente omita el jamón y siga con los mismos procedimientos.

Variantes del Arroz con Maíz: Usando la misma receta de arroz con maíz básico, podemos hacerlo con sofrito, añadiendo 2 cucharadas de sofrito a la receta anterior y 1/2 taza de salsa de tomate.

Otra variante: Al arroz blanco que le haya sobrado, añadir mantequilla, maíz y un poco de sal de ajo. Poner de 3 a 5 minutos en "High". ¡Sabroso!

ARROZ CONGRI

INGREDIENTES:

3 oz. de jamón de cocinar
4 cdas. aceite de oliva
1 pimiento verde mediano, picadito
1 cebolla mediana, picadita
3 dientes de ajo, bien picaditos
1 taza de habichuelas negras, escurridas (ablandadas en la casa, o pueden sustituirse por una lata de habichuelas negras hervidas en agua y sal)
Comino molido a gusto
Sal a gusto
2 tazas de arroz grano corto
2 1/2 tazas de agua (usar líquido que ablandó habichuelas)

PROCEDIMIENTO:

Prepare el sofrito con todos los ingredientes, excepto el arroz, frijoles y agua. Cocine en "High aproximadamente de 3 a 6 minutos.

Use un molde con tapa que selle bien.

Añada el resto de los ingredientes y mezcle bien. Cocine tapado en "High" por 15 minutos, hasta que el arroz haya absorbido todo el líquido. Deje reposar de 10 a 15 minutos. Revuelva con un tenedor y sirva.

ARROZ CON SALCHICHAS

INGREDIENTES:

2 tazas arroz grano corto
2 latas de salchichas
2 cucharadas de sofrito
1/2 lata salsa de tomate
Sal y pimienta a gusto
2 1/2 tazas de agua

PROCEDIMIENTO:

Mezclar todos los ingredientes en un utensilio apropiado para hacer arroz en su microondas, que tenga una buena tapa. Medir el líquido de las salchichas, complete la cantidad de agua que lleva el arroz que son 2 1/2 tazas de agua. Luego poner en el microondas por 15 a 18 minutos en "High". Dejar reposar de 10 a 20 minutos. Luego moverlo con un tenedor.

NOTA: Al cabo de los 8 minutos de estar cocinándose el arroz, fíjese si las salchichas han subido todas arriba del arroz, mover el arroz hasta que las salchichas queden en la parte de abajo y el arroz arriba. Volver a taparlo y ponerlo de nuevo en microondas, los minutos restantes.

ARROZ CON LECHE

INGREDIENTES:

2 tazas de agua
1 taza de arroz
1 1/2 cucharadita de mantequilla
2 tazas de leche evaporada, diluída, o leche fresca
3/4 taza de azúcar
3/4 cucharadita de sal
Cáscara de un limón verde
1 pizca de jengibre
Canela a gusto

PROCEDIMIENTO:

En un recipiente para microondas, con capacidad de 4 cuartillos, agregue el agua, el arroz, la mantequilla. Muévalo todo y póngalo en su microondas en "High" por 15 minutos. Retire y agregue el resto de los ingredientes.

Ponerlo nuevamente en el microondas de 10 a 15 minutos en "High". Vamos a moverlo sin dejarlo reposar y luego lo vamos a tapar y dejarlo reposar de 10 a 20 minutos. Se puede servir inmediatamente después y si lo desea puede polvorearlo con canela en polvo.

ARROZ RELLENO
CON CARNE DE CERDO

INGREDIENTES:

2 1/2 lb. carne de cerdo, picadas en cubitos de aprox. 1" x 1"
1 1/2 sobre sazonador con achiote y recao
2 cucharadas de aceite
1 cebolla mediana picada bien pequeñita
2 dientes de ajo machacados
1 pimiento verde bien picadito
1/2 taza salsa tomate
1/2 taza aceitunas rellenas picadas en rueditas
1/4 taza vino seco
1 hoja de laurel

PROCEDIMIENTO para el relleno:

En un molde apropiado para microondas, de aproximadamente 2 a 3 cuartillos, combine todos los ingredientes y colóquelo tapado en su microondas, en "High", por aproximadamente 25 minutos. Cuando esté listo retire la hoja de laurel, y entonces procedemos a preparar el arroz.

INGREDIENTES para el arroz:

2 cucharadas de aceite
1 cebolla mediana picada bien fina
3 1/2 tazas de caldo de res
1/4 taza de vino seco

1 1/2 sobre de sazonador con achiote y recao
1 hoja de laurel
2 tazas arroz grano largo
2 pimientos morrones en tiritas
1/4 taza guisantes ("Petit Pois")
1/2 taza de queso parmesano rallado

PROCEDIMIENTO:

Combine todos los ingredientes, excepto los pimientos morrones, los guisantes y el queso parmesano, en un recipiente apropiado para microondas, con buena tapa. Poner en el microondas en "High" de 15 a 20 minutos. Retirar y dejar reposar sin destapar de 10 a 15 minutos. Luego que haya reposado el arroz, retirar la hoja de laurel y preparar un molde el cual previamente hayamos engrasado. En este molde vamos a colocar la mitad del arroz preparado. Sobre éste vamos a colocar la carne de cerdo que ya teníamos preparada. Luego le colocamos los pimientos morrones, los guisantes y la mitad del queso parmesano encima. Vamos a cubrir con el resto del arroz, prensando bien para que el molde quede apretado y volver a polvorear el queso restante.

Poner en el microondas de 8 a 10 minutos en "High". Dejarlo reposar aproximadamente de 5 a 10 minutos, y luego lo vamos a desmoldar, volteándolo para servirlo adornado con espárragos, pimientos morrones, guisantes y perejil.

NOTA: Para rellenar el arroz puede sustituir la carne de cerdo con "Corned Beef" guisado, pollo deshuesado en fricasé, pescado entomatado desmenuzado, bacalao guisado, etc. Use su imaginación.

NOTA: Para hacer esta receta del arroz relleno, puede usar un molde para microondas para hacer bizcocho, tipo "Bundt" y al voltearlo lucirá muy bonito.

ARROZ MEJICANO

(Rinde para 6 a 8 porciones)

INGREDIENTES:

2 pimientos rojos morrones
3 cucharadas de aceite de oliva
3 dientes de ajo
1 cebolla mediana picadita
1 pimiento verde picadito
2 tazas arroz grano largo
2 cucharadas de perejil bien picado
1 cucharadita de sal
1 taza tomate picado, fresco o enlatado
3 1/2 taza consomé de pollo
1 lata pequeña (8 1/2 onzas guisantes ("Petit Pois")

PROCEDIMIENTO:

En un recipiente apropiado para microondas, de aproximadamente 2 cuartillos, que tenga buen sello para cocinar arroz en microondas, ponemos todos los ingredientes excepto el arroz, el consomé de pollo y los guisantes. Ponga en "High" de 5 a 8 minutos. Remueva de su microondas, añada el arroz, el consomé de pollo y los guisantes. Una todo bien y vuelva a llevar a su microondas por 15 a 18 minutos en "High". Reposar tapado aproximadamente de 10 a 20 minutos. Luego movemos el arroz con un tenedor.

ARROZ CON CHULETAS

INGREDIENTES:

6 chuletas corte de centro, cortadas bien finas y adobadas
1 lata consomé de carne ("beef consomé")
1 cebolla grande
1 ó 2 pimientos verdes de cocinar, picaditos
1 lata tomates (stew) cocinados, de 8 oz.
2 tazas arroz grano largo
1 sobre de sazón con achiote
Tomillo a gusto (opcional)

PROCEDIMIENTO:

Si tiene el plato de dorar, calentar en su microondas aproximadamente 8 minutos y dorar las chuletas por ambos lados. Colocar las chuletas en un plato o recipiente apropiado para microondas que tenga de 3" a 4" de fondo, y luego en el orden siguiente vamos a colocar los ingredientes. Las ruedas de cebolla, y pimientos, los tomates sin el líquido, cubrimos con el arroz, luego añadimos la lata de consomé y la lata de agua. Luego le añadimos el líquido de los tomates y finalmente polvorear con tomillo y el sobrecito de sazón. Vamos a tapar bien el molde, si no tenemos tapa, le ponemos papel plástico apropiado para microondas. **No hay que perforar el papel.** Vamos a llevarlo al microondas aproximadamente de 20 a 25 minutos en "High". Dejar reposar luego que termine el tiempo aproximadamente de 10 a 20 minutos. Esta receta rinde para 6 personas.

NOTA: Las chuletas las puede dorar en su estufa en un sartén bien caliente. No las cocine, sólo dórelas.

ARROZ DE HAYDEE

INGREDIENTES:

2 cucharadas sofrito
1 cubito de pollo
1/2 lata salsa tomate
1 sobrecito de sazón
1 lata corned beef de 12 oz.
1 lata maíz grano entero, 8 oz.
2 tazas arroz grano largo
3 tazas de agua

PROCEDIMIENTO:

En un recipiente apropiado para microondas, combine todos los ingredientes. Tape y lleve a su microondas. Cocine en "High" de 20 a 25 minutos. Saque del microondas, deje reposar tapado de 10 a 20 minutos. Revuelva con un tenedor después del reposo y sirva. Esta receta rinde para 8 personas.

ARROZ DE LINA

INGREDIENTES:

1 lechuga americana, picada en tiras
1 barra de mantequilla
1 lata pimientos morrones, picados en tiritas
Sal y pimienta a gusto
2 tazas de arroz grano largo
3 1/4 tazas de caldo de pollo

PROCEDIMIENTO:

En un recipiente apropiado para microondas, de aproximadamente 3 cuartillos que tenga una buena tapa, vamos a poner la lechuga en tirillas y la barra de mantequilla en "High" aproximadamente de 4 a 6 minutos (para amortiguar la lechuga). Sacar el recipiente y añadirle los pimientos morrones en tiritas con su jugo, el arroz, las 3 1/4 tazas de caldo de pollo y sazonar con sal y pimienta a gusto. Tapar el recipiente y volverlo a poner en el microondas aproximadamente de 15 a 20 minutos en "High". Cuando haya absorbido el líquido lo ponemos a reposar de 10 a 20 minutos. Moverlo con un tenedor. Esta receta rinde para aproximadamente 8 personas.

QUESO RELLENO

Al hacer queso relleno, podemos usar nuestra imaginación para rellenar el queso de bola grande holandés. Lo único que va a hacer es el sofrito, y luego se pone la carne y se rellena con esta carne. Puede ser ternera guisada o simplemente preparar un picadillo de carne de res. La receta que le damos a continuación, es relleno con arroz con pollo. Prepare la receta de Arroz con Pollo de este libro. Luego que tenga el arroz con pollo listo, va a desmenuzar la carne del pollo y volver a agregar el arroz.

INGREDIENTES para el queso relleno con arroz con pollo

1 queso de bola holandés (holandés)

PROCEDIMIENTO con el queso:

Al queso le vamos a cortar una tapita, redonda, en la parte de arriba del queso que nos facilite sacar todo el queso de adentro sin romper la corteza. Luego que tenemos vació el queso vamos a pelar el queso por fuera para quitarle toda la parafina roja. Para eso yo utilizo el utensilio especial de pelar vegetales o mondar papas. Después de pelado el queso, lo colocamos en un recipiente con agua que cubra el queso por completo y lo dejamos de un día para otro, para que el queso ablande. Luego que el queso se haya remojado de un día para otro, lo ponemos a que escurra bien. En un molde que pueda ir a microondas, yo prefiero para hacer queso relleno, un molde pyrex transparente, o el mismo que uso para hacer el arroz de 4 a 5 cuartillos de capacidad. Coloco el queso en el molde y lo relleno con arroz, le coloco la tapita encima que le había quitado, y luego el arroz que me sobra se lo pongo alrededor del queso.

Tapo el queso con la tapa del molde, si es un molde que no tenga tapa, se usa papel plástico para microondas, luego lo pongo en el horno de microondas en nivel de energía "Medium" (60%).

Poner aproximadamente por cada libra de queso, de 5 a 7 minutos por libra o hasta que el queso empiece a derretirse. Enseguida que esto ocurra, vamos a sacarlo del microondas, ya que éste es un plato que debemos servir inmediatamente.

NOTA: El queso relleno con arroz con pollo es un plato completo de por sí, y lo podemos servir simplemente acompañado de una ensalada verde.

PAELLA VALENCIANA DE GILBERTO CASAS

La primera vez que ví preparar esta paella fué a Gilberto Casas, un amigo de la familia. Esta receta la hizo en un barbecue en la casa de playa. Fué una tarde memorable, ya que quedó con un sabor increíblemente delicioso.

Traté de adaptarla al microondas y obtuve unos resultados excelentes. Si sigue las instrucciones tal y como las damos a continuación, usted también obtendrá una paella excelente. Esta receta rinde para 12 personas.

EL CALDO BASE PARA LA PAELLA

INGREDIENTES:

1 cebolla grande
2 tallos apio (celery)
1 tallo de cebollín verde (puede substituirse por 1 cebolla pequeña)
1 pimiento verde
3 dientes de ajo
Sal a gusto

El sobrante de los ingredientes que vamos a usar en la paella, tales como las tenazas de mariscos o caparazón de rabos de langosta, cabezas de pescado, etc., lo ponemos con todos los ingredientes en la olla de 4 cuartillos, y los cubrimos con agua. Los vamos a poner en nuestro microondas en nivel de energía "High" aproximadamente de 15 a 25 minutos. Luego probamos el caldo para ver si ha cogido todas las substancias. Debe ser un caldo fuerte con sabor a pescado y mariscos.

INGREDIENTES para la paella:

3 colas de langosta de aproximadamente 1 lb., cortada en ruedas
1 lb. camarones (12) limpios
1 paquete de guisantes verdes (Green Peas) congelados
12 pedazos de calamares
12 almejas en su concha
12 mejillones en su concha
12 langostinos enteros sin pelar
1 lb. filete de mero
1 lb. de vieras ("scallops")
1 latita mediana de pimientos morrones picaditos
3 tazas de arroz Uncle Ben (calculamos aproximadamente 2 oz. por persona)
1 lb. carne de cerdo picada en pedacitos (trata de que sea carne magra, sin grasas)
1 lb. jamón cocinar cortado en cuadritos
12 muslos de pollo (drumstick)
1/2 libra chorizos rebanados
Sofrito

PROCEDIMIENTO para el sofrito:

En un recipiente apropiado para microondas, preferible uno de cerámica, grande de 4" de profundidad, redondo, colocar una taza de aceite de oliva, 2 pimientos verdes morrones cortados en cuadritos, 2 cebollas grandes cortadas en cuadritos, 4 tomates bien maduros, pelados sin la piel, cortados en cuadritos, 10 dientes de ajos bien picaditos, azafrán a gusto. Destapado pongo el recipiente para hacer paella en el microondas, aproximadamente 8 minutos. Luego agrego la carne de cerdo, el jamón y los muslos de pollo. Los precocino aproximadamente 20 minutos en "High". Saco la carne del pollo y la pongo a un lado con los mariscos que ya tengo listos. Inmediatamente agrego el arroz y el caldo, que deben ser las 5 tazas de caldo de pescado que hemos hecho. Tapo bien el recipiente para microondas con el papel plástico, y pongo de nuevo el recipiente con el arroz, el caldo y el sofrito, durante 10 minutos en "High". Cuando hayan transcurrido estos 10 minutos, vuelvo a destapar mi recipiente e inmediatamente muevo el arroz para que coja el color parejo del azafrán que hemos agregado al sofrito, y empiezo a colocar los camarones, el pescado, la carne de pollo, los chorizos, guisantes y los pimientos morrones, decorando de una vez el arroz.

NOTA: Los mejillones colocados hacia abajo y al lado de cada rueda de chorizo, para que coja el sabor del chorizo. Luego volvemos a tapar bien, sin dejar nada de ventilación con papel plástico para microondas y volvemos a poner en el microondas por 20 a 25 minutos en "High". Al transcurrir ese tiempo vamos a remover el molde sin mover el arroz y vamos a tapar con papel de aluminio y dejar reposar aproximadamente de 15 a 20 minutos.

ARROZ DE TIO CHIQUI

INGREDIENTES:

2 tazas arroz grano largo, "Uncle Ben"
1 lata sopa cebolla (consomé)
1 lata "Beef Consomé"
1 lata de camarones, tamaño grande (camarones enlatados con su líquido)
1 lata maíz, tamaño mediano, con el líquido
1 barra de mantequilla

PROCEDIMIENTO:

En un recipiente apropiado para microondas, con buena tapa, vamos a combinar todos los ingredientes y a ponerlos en nuestro microondas aproximadamente 15 a 20 minutos. Luego vamos a retirar el molde, lo dejamos reposar sin destapar de 10 a 20 minutos. Moverlo con un tenedor. Esta receta rinde para 8 personas.

NOTA: Si la tapa de su olla no tiene buen "sello", use papel plástico para microondas, y luego ponga la tapa.

ARROZ CON BACALAO DE NOE

Esta receta de arroz con bacalao, usted la puede adaptar a la que más le guste a su familia. Simplemente una todos los ingredientes y los pone en su microondas por el tiempo necesario. Si es una taza, 10 minutos en "High". Y cualquier taza adicional, 5 minutos adicionales.
Esta receta que voy a dar a continuación, es de Noelia, mi hermana y para mí, es el mejor arroz con bacalao que he comido.

INGREDIENTES:

1 lb. bacalao con espinas
3 cdas. de sofrito
1 sobrecito de sazón con color (achiote)
2 cdas. aceitunas y alcaparras
2 tazas arroz grano corto
2 1/2 tazas de agua
Pimientos morrones y "Petit Pois" para decorar

PROCEDIMIENTO:

En un recipiente apropiado para microondas, poner el bacalao que quede cubierto de agua. Tápelo y póngalo en su microondas en "High" aproximadamente 5 minutos. Bote esa agua y luego vuelva a cubrir el bacalao con agua y vuelva a ponerlo en "High", por 5 minutos adicionales. Retírelo del microondas y quítele todo el pellejo y las espinas al bacalao. En una cacerola o recipiente para microondas apropiado para hacer arroz, vamos a colocar el bacalao desmenuzado con todos los ingredientes, excepto los pimientos morrones y "petit pois". Llevar al microondas de 15 a 18 minutos en "High". Reposar de 10 a 20 minutos (sin destapar). Después que han pasado los 20 minutos, procedemos a mover el arroz con un tenedor y luego lo decoramos con los pimientos morrones y los "petit pois". Esta receta rinde para 8 personas.

ARROZ CON SARDINA DE QUIQUE

Para lograr este arroz con sardina con el sabor que le da Quique, mi cuñado, es indispensable conseguír las latitas de sardinas que vienen deshuesadas sin su piel.

INGREDIENTES:

3 latas de sardinas deshuesadas y sin piel
2 tazas de arroz grano corto
3 cdas. sofrito
1/2 lata de salsa tomate
1 cubito de pollo
2 tazas de agua

PROCEDIMIENTO:

En un recipiente apropiado para microondas, que tenga una buena tapa, vamos a combinar todos los ingredientes y vamos a usar el líquido de las 3 latas de sardinas. Mezclar todo bien, y tapado llevarlo al microondas de 15 a 18 minutos en "High". Reposar sin destapar y sin mover de 10 a 20 minutos. Mover con un tenedor (Se puede adornar con rueditas de limón).

PAELLITA DE DOÑA CARMEN

Esta receta rinde para 6 porciones

INGREDIENTES:

1 lb. muslos y caderas de pollo, pequeños
Adobo para el pollo:
   1 grano de ajo, 1 grano de pimienta, 1 cucharadita orégano seco, 1 cucharadita de sal, 1 cucharadita de aceite de oliva, 1 cucharadita de jugo de limón (fresco)

Otros ingredientes para la paellita:

2 granos de ajo
1 cebolla mediana, bien picada
1 tomate mediano, bien picadito
1/2 sobrecito de azafrán. - Puede substituir por una cucharadita de achiote
1 cucharadita de pimentón (Paprika)
1 cucharada de sal
1 lb. de camarones, preferible en su carapacho
1/2 paquete, 10 1/2 oz. guisantes congelados ("Sweet Green Peas")
1 lata 10 1/2 oz. puntas de espárragos
1 limón verde
2 tazas de arroz grano largo
3 1/2 tazas de líquido (En el líquido vamos a medir el líquido de los pimientos morrones, de las puntas de espárragos, y los vamos a completar con agua (3 1/2 tazas)

PROCEDIMIENTO:

En una olla que puede ir a su microondas, de aproximadamente 14" a 15" de diámetro, si no tenemos la paellera que pueda ir al microondas, podemos usar otro molde de 4 cuartillos que sirva para hacer el arroz. Colocar el aceite, la cebolla picada, tomate y los granos de ajo con la libra de muslos y caderas pequeñas, destapados por aproximadamente 6 minutos en "High". Luego retirar la paellera o el recipiente donde se está haciendo el arroz, y añadirle el resto de los ingredientes. Mezcle todo bien, excepto los pimientos morrones y las puntas de espárragos, ya que las vamos a usar para decorar cuando la paella esté lista. Llevar al microondas y tapar bien aproximadamente de 20 a 25 minutos en "High". Cuando ya haya transcurrido el tiempo vamos a sacar la paella y la tapamos con papel de aluminio para dejar reposar de 10 a 20 minutos. Transcurridos los mismos, movemos la paellita y decoramos con los pimientos morrones, las puntas de los espárragos y el limón. Vamos a dividir el limón en dos partes y **decoramos** la paellita con 1/2 limón y la otra se la agregamos por encima antes de servirla.

NOTA: Si no tiene tapa la paellera para su microondas, use papel plástico para sellar (Plastic wrap) para microondas.

ASOPAOS

RECETA BASICA PARA ASOPAOS EN MICROONDAS

La idea de darles esta receta es que ustedes tengan la misma para un asopao básico. Simplemente, vamos a cambiar los ingredientes que escojan para hacer el asopao, que pueden ser frescos, congelados o enlatados, como por ejemplo: calamares, camarones, salchichas, granos cocidos, granos enlatados, butifarras, almejas, etc.

RECETA BASICA

3/4 taza de arroz grano corto

Sofrito para el Asopao

INGREDIENTES · sofrito para el asopao:

1 cda. aceite vegetal
2 oz. jamón cocinar
1 cebolla mediana
1 pimiento verde
2 hojas culantro
2 ramitas de culantro
3 granos de ajo
1 cda. orégano seco

NOTA: Puede sustituir este sofrito por 4 cucharaditas de recaíto congelado, pero no queda tan sabroso.

Otros Ingredientes:

1 tomate cortado en pedacitos
1 1/2 tazas de salsa de tomate
6 aceitunas rellenas
1 lata 4 oz. pimientos morrones
1 lb. del ingrediente que escoja para hacer el asopao
1 1/2 cdas. de sal, o sal y pimienta a gusto, dependiendo del ingrediente que vaya a usar para hacer el asopao
4 tazas de agua

PROCEDIMIENTO:

Por lo menos media hora antes de hacer el asopao remojar el arroz en abundante agua. Luego en un recipiente apropiado para microondas, vamos a mezclar todos los ingredientes para el sofrito y cocinarlos en "High" de 5 a 6 minutos. Agregar todos los ingredientes al sofrito excepto el arroz, poner tapado por 10 a 15 minutos en High. Añadir el arroz, escurrido, y poner de 15 a 20 minutos en "High". El asopao debe quedar con bastante líquido, y se debe servir a los 5 o 10 minutos de haber reposado.

ASOPAO DE POLLO

Cuando vayamos a hacer el asopao de pollo, vamos a seguir las instrucciones de la receta básica del asopao en microondas. Lo diferente es que vamos a usar la cantidad de pollo que vayamos a consumir, y la vamos a pre-cocinar en el sofrito que hagamos para el asopao.

Rinde para 6 a 8 raciones

INGREDIENTES:

1 pollo entero de 3 lbs., limpio y cortado en pedazos. Adobar este pollo con 3 granos de ajo grandes, que vamos a moler con un poco de pimienta
1 cucharadita de orégano seco
1 cucharadita de sal
Un poco de Paprika
1 cucharadita de aceite de oliva,
1 cucharada de jugo de limón

Luego procedemos a hacer el sofrito del asopao básico y añadirle las presas de pollo para pre-cocinarlas.

Si estamos usando un pollo de aproximadamente 3 libras, lo vamos a precocinar aproximadamente de 15 a 20 minutos en "High", máxima temperatura. Después que hayamos pre-cocinado el pollo en "High", seguimos adelante con la receta del asopao básico.

La difrencia entre este asopao y los otros que vamos a hacer con esta receta base, es que el asopao de pollo luego lo decoraremos con "petit pois" y puntas de espárragos.

ASOPAO DE CAMARONES FACIL

INGREDIENTES:

1 lb. de camarones congelados
3 cdas. sofrito
2 oz. de jamón
1 cda. de aceite de oliva
1 sobrecito de sazón con achiote
3 cdas. salsa de tomate
3 tazas de agua
3 cdas. aceitunas o alcaparras
1 taza de arroz blanco cocido
Sal y pimienta a gusto
Pimientos morrones para decorar

PROCEDIMIENTO:

En un recipiente con tapa, poner todos los ingredientes, excepto el agua, arroz y pimientos morrones. Llevar a su microondas por 5 minutos en "High" tapado. Añadir el agua y el arroz y mezclar bien. Volver a poner de 10 a 15 minutos en "High" tapado.

NOTA: Si desea el asopao más seco, añadir unos minutos adicionales. Puede sustituir los camarones congelados por camarones frescos.

AVES

El pollo es una de las aves más popular en nuestra cocina. Se cocina con gran rapidez, aproximadamente 7 minutos por libra más 10 a 15 minutos de reposo. La carne del pollo queda tierna y jugosa. Los pollos de 3 libras o menos se cocinan todo el tiempo en HIGH (máxima energía).

Las gallinitas codornices se cocinan en High de 6 1/2 a 8 minutos por libra. Las gallinas del país como son más duras se cocinan en Medium todo el tiempo. Debemos calcular de 10 a 11 minutos por lb. y siempre se le debe añadir un poco de líquido.

EL PAVO se puede cocinar en Medium High todo el tiempo, tardará aproximadamente de 6 a 7 minutos por libra. Si lo rellena, debe tomar el peso del relleno más el peso del pavo antes de calcular el tiempo. Los pavos grandes se pueden hacer la mitad del tiempo en Medium High y en Medium el resto del tiempo. Si no sabemos el peso exacto del pavo lo podemos cocinar por temperatura a 190 grados Farenheit. Esta es la temperatura interna que debe tener la carne del pavo o pollo cuando termina de cocinarse. Y por último la forma más rápida de hacer un pavo es dándole 8 minutos por libra en HIGH (máxima energía). NUNCA COLOQUE EL TERMOMETRO EN LA PECHUGA DEL AVE, se debe colocar en la parte más gruesa de la cadera y el cuerpo.

Las aves se deben de adobar bien pero no se debe de abusar de la sal porque la sal saca la humedad de la superficie y forma una capa que obstruye la penetración de las microondas. Esto solamente no lo tendremos en cuenta con las aves sino también cuando hacemos vegetales. Al asar el pollo o pavo entero debe proteger las partes menos densas, tales como las puntas de las alas y los muslos con papel de aluminio. asegúrese que el papel de aluminio no toque ninguna de las paredes del horno y la cantidad siempre debe ser mínima, comparado con el volumen que estamos cocinando.

El papel de aluminio no deja que se cocine en esas áreas. Antes de terminar de cocinarla quitamos la protección y se cocina todo el pollo parejo.

Otro consejo bien importante cuando vamos a asar un pollo o pavo, es usar un molde especial para asar en hornos de microondas, de los que separan la ave de su jugo. Si no tenemos unos de esos moldes, podemos ponerlo en cualquier molde para asar pollo o pavo con un platillo invertido para separarla de su jugo. La idea es que el pollo no esté en contacto con el jugo para que no quede como hervido o al vapor.

La primera mitad del tiempo se hace con la pechuga hacia abajo, se termina de cocinar con la pechuga hacia arriba.

Si cocina el pollo en presas, recuerde siempre colocar las partes más gruesas hacia la orilla del molde para que se cocinen más rápido.

Para aves pequeñas, sobre todo las aves que pesan menos de 4 lbs., vamos a tener que ayudarlas un poco con el color porque como están tan rápido, no van a coger un dorado bonito. Aquí pueden usar Paprika, achiote, salsa soya, o "Kitchen Bouquet", o cualquier salsa para dorar. Ahora tenemos en el mercado un gran producto que se llama Microshake, el cual dá no solamente un dorado al ave sino que también hace que la piel del ave se vea con una terminación crujiente. Cuando estamos asando un pollo tenemos que recordar que no vamos a tapar porque nos va a quedar al vapor. Podemos proteger el horno usando papel encerado ("wax paper") para evitar que salpique las paredes del horno y se nos ensucie pero no es necesario taparlo.

Otro consejo útil es pre-cocinar las presas (el pollo) para un "Barbecue". Las pre-cocinamos y luego las terminamos de hacer en el "barbecue" o al carbón cuando lleguen nuestros invitados y es cuestión de minutos. Podemos hacer por ejemplo, 2 pechugas de pollo en el microondas por unos minutos, para luego usarlas para hacer ensaladas, hacer mezclas para sandwiches, entremeses, etc.

POLLO ASADO BASICO

PROCEDIMIENTO:

Vamos a adobar el pollo al gusto de nuestra familia, pero teniendo en cuenta de usar poca sal. Podemos usar ajo, aceite, orégano, limón y vamos a despegar la piel del ave con un palito que tenga la punta redonda, empezando por el lado de la pechuga. Lo inserta suavemente y va despegando toda a piel de la carne del ave. Luego se pone el adobo entre la piel y por la cavidad del pollo. En esta forma usted verá que tendrá un pollo jugoso y bien sabroso. El mismo procedimiento puede seguir cuando esté preparando un pavo.

Cocinar 7 minutos por lb. en "High", la primera parte del tiempo la vamos a poner con la pechuga hacia abajo, y luego hacia arriba. Recuerde que debe separar la ave de su jugo. Deje reposar por 15 minutos antes de servir.

POLLO HORNEADO AL PEREJIL

INGREDIENTES:

1 pollo mediano, de 2 1/2 a 3 libras
Adobo
3 cucharadas de mantequilla derretida
1/2 ramo de perejil fresco
3 ó 4 dientes de ajo (el ajo a gusto)
Sal y pimienta
Un poco de jugo de limón
Sal a gusto

PROCEDIMIENTO:

Moler todos los ingredientes o procesar por una licuadora. Vamos a usar el mismo procedimiento de despegar la piel del ave, con una cuchara de madera, o un palito de comida china, con mucho cuidado de no romper la piel del ave. Luego, poner esa mezcla entre la piel del ave y la carne y en la cavidad del pollo. Este adobo es recomendable que se deje de 3 a 4 horas antes de asar el pollo para que coja todo el sabor.

Mezclar una cucharadita de Kitchen Bouquet y una cucharadita de mantequilla derretida y pintar el pollo. Ponerlo a cocinar con la parte de abajo hacia arriba en "High", por 10 minutos dependiendo del peso del ave, luego vamos a voltearlo, y cocinar por 5 a 10 minutos con la pechuga para arriba. Recuerde que son 4 minutos por libra.

Recuerde que debe separar el ave de su jugo. Dejar reposar, tapado con papel de aluminio, por 15 minutos antes de servirlo. Rinde para 5 personas.

GRAVY PARA POLLO AL PEREJIL

PROCEDIMIENTO:

En una taza Pyrex, o taza que pueda ir al microondas, se combina una cucharada de harina de trigo con aproximadamente 6 oz. del jugo que ha botado el pollo. Si no ha botado tanto jugo, ponga la cantidad que tenga y luego llegue a 8 oz., completando con caldo de pollo. Disuelva bien la harina en el jugo del pollo y ponga en el microondas de 1 a 3 minutos en "High". Mueva bien y sirva acompañando el pollo

POLLO A LA HIERBA AMANTEQUILLADO

"De: M. Gutiérrez

Receta para cocinarlo, primero por Microonda y luego por Convección.

INGREDIENTES:

1/2 taza (3/4 lbs.) de mantequilla
1 diente de ajo picadito o machacado
1/2 cdta. de orégano seco
1/2 cdta. de tomillo seco
1 cdta. de sal
1/2 cdta. de pimienta en polvo
1 pollo de 4 libras

PROCEDIMIENTO:

Mezcle bien los ingredientes, todos menos el pollo, en recipiente de cristal. Inserte una cucharada de la mezcla amantequillada en la cavidad del pollo. Amarre el pollo para evitar se escape la mezcla. Unte el exterior del pollo con la mezcla restante.

Coloque el pollo en cazuela llana y póngala en el anaquel metálico, al centro en el microondas.

Cubra el pollo con papel parafinado para evitar salpicaduras.

Fije el microondas en "High" (10) y cocine en "TiME COOK" por 10 minutos. Luego retire el papel parafinado y cambie el horno a CONVECCION y cocine por 35 minutos más, embadurnando el pollo dos veces con la salsa.

Pinche la parte más gruesa de la cadera para determinar grado de cocción. Si el líquido que se desliza es claro, el pollo está hecho; si sale amarillo, cocine por otros 10 minutos. Deje el ave en REPOSO por 10 minutos, envuelto en papel de aluminio, antes de trincharlo. Sirve hasta 6 porciones.

PECHUGAS PARMEGIANA

De: Eileen Navarro

INGREDIENTES:

4 pechugas de pollo deshuesadas
Adobo para pollo
Galleta molida y huevos (para empanar)
Después de empanar las pechugas, prepare esta salsa:

SALSA

1 lata tomates enteros, 8 oz.
1/2 lata pasta de tomate, 6 oz.
1 latita puré de tomate pequeña
1 cebolla mediana picadita
Aceite de oliva (para cubrir fondo acesorio y rocear pechugas)
1 hoja de laurel
Orégano
Sal a gusto
Ajo molido a gusto
Una pizca azúcar

PROCEDIMIENTO:

Sofreir cebolla en aceite 1 minuto, "High", luego añadir todos los ingredientes de la salsa. Poner por 20 minutos a "Medium Low" o "Medium". Poner en un molde las pechugas (molde engrasado) y luego rocear aceite de oliva por encima. Poner 4 minutos en "High", voltear las pechugas y darle 4 minutos más. Luego echar salsa encima y queso mozzarella y volver a poner en "High" hasta que el queso se derrita. Rinde 4 personas.

FRICASE DE POLLO RAPIDO

Esta receta es con la idea de simplificar la labor de tener que picar tantos ingredientes como en el fricasé de pollo de la abuela.

INGREDIENTES:

1 pollo de aprox. 3 lbs., picado en presas
3/4 tazas vino tinto seco, o vino blanco, seco
2 hojas laurel
1 cubito pollo
1/2 taza salsa tomate
Aprox. 3 cdas. de sofrito
Aceitunas a gusto (de 8 a 10 aceitunas)
1 latita pimientos morrones, cortados en tiritas
1/2 taza jamón cocinar, picado, y aprox. de 3 a 4 papas medianas en pedazos.
Sal y pimienta a gusto
Peit Pois - opcional (ponerlos para decorar)

PROCEDIMIENTO:

Poner todos los ingredientes en un recipiente que pueda ir al microondas y mezclarlos bien. Poner en "High" de 25 a 35 minutos. Ver si ya está el pollo, las papas y si la salsita ha espesado. Si no ha espesado poner en el microondas destapado de 4 a 6 minutos en "High".

NOTA: La diferencia en tiempo es debido al microondas que estén usando, si es 500 watts, 600 watts, 650 watts o 700 watts, hay que darle más tiempo o menos tiempo a la receta que estemos haciendo.

POLLO ENCEBOLLADO

INGREDIENTES:

1 pollo de 2 1/2 a 3 1/2 libras, cortado en pedazos
1/3 taza mantequilla derretida
1 sobre sopa cebolla seca instantánea

PROCEDIMIENTO:

Corte el pollo en pedazos. Páselo por la mantequilla que quede bien impregnado en la mantequilla. Luego páselo por la mezcla de la sopa de cebolla seca y acomódelo en un molde que pueda ir a su microondas, de aproximadamente 12" x 8" x 2". Recuerde siempre poner las partes más gruesas de la carne hacia la parte de afuera del molde. Cubra con papel encerado. Poner en el microondas aproximadamente de 18 a 20 minutos en "High". Ponerlo a reposar por 5 minutos antes de servirlo. Esta receta rinde para aproximadamente 6 personas.

POLLO EN FRICASE DE LA ABUELA

INGREDIENTES:

1 oz. tocino
2 oz. jamón de cocinar
1 cda. aceite con achiote o manteca con achiote
1 cebolla grande
1/2 pimiento verde
1 tomate mediano
1 ají dulce
Alrededor de 8 a 10 aceitunas
Opcional: 1 cucharada alcaparras
1 cda. vinagre
2 hojas laurel
1/4 taza pasas
1 taza salsa tomate
1 cdta. orégano seco
2 cucharaditas sal
3 lb. pollo picado en presas
1 lb. papas
1 lata 1 lb. guisantes pequeños (Petit Pois) con su liquido
1 cucharada mantequilla

PROCEDIMIENTO:

En un recipiente apropiado para su microondas, de aproximadamente 2 a 3 cuartillos coloque el aceite con achiote, la oz. de tocino y el jamón. Lleve a su microondas de 2 a 3 minutos en HIGH hasta que vea que el tocino está hecho.

Luego vamos a tener todos los otros ingredientes picaditos incluyendo el pollo y las papas y los vamos a colocar en la olla, excepto los guisantes y la cucharada de mantequilla. Luego mezclar todo bien, incluyendo el líquido de la lata de guisantes. Vamos a llevarlo a nuestro microondas por aproximadamente 25 a 30 minutos en HIGH. Al cabo de ese tiempo mover todo y ver si se ha cocinado todo bien, las papas, y el pollo y si la salsita ha espesado.

Luego agregar la lata de guisantes y la cucharadita de mantequilla. Volvemos a poner en nuestro microondas aproximadamente de 3 a 5 minutos en HIGH. Si la salsa no ha espesado lo suficiente, llevar al microondas de 3 a 5 minutos en HIGH destapado. Esta receta rinde para 6 personas.

POLLO BORRACHO

INGREDIENTES:

1 pollo de 3 lbs. aprox.
1 cda. de jugo de limón
1 taza de ron dorado (cualquier ron)
1 cda. de aceite de olivo
1 diente de ajo molido
1 pedazo de jengibre fresco (aprox. 1" picado bien fino)
Sal y pimienta a gusto
1 cda. de mantequilla derretida
1 cda. Kitchen Bouquet, o cualquier salsa de dorar

PROCEDIMIENTO:

Combine jugo de limón, ron, aceite de olivo, ajo, gengibre, sal y pimienta; separe la piel del pollo, y adobe éste con la mezcla. Deje marinando por lo menos 8 horas antes de asarlo, (preferible marinarlo el día anterior). Ponga el pollo en un molde, teniendo cuidado de levantarlo con un "trivet" ó plato invertido para que no toque sus propios jugos. Mezcle la mantequilla con el Kitchen Bouquet, y con una brocha pinte el pollo antes de asarlo. Ponga en su microondas de 21 a 25 minutos en high (máxima energía), deje reposar tapado con papel de aluminio por 15 minutos antes de servir. Recuerde que la primera mitad del tiempo se cocina con la pechuga hacia abajo y el resto del timpo con la pechuga hacia arriba. Rinde para 6 personas.

POLLO AGRIDULCE

INGREDIENTES:

1 pollo de 2 1/2 a 3 lbs.
2 cdas de "Ketchup"
2 cdas. salsa soya
2 cdas. miel
2 cdas. jugo de limón
1 cdta. salsa inglesa
1 cda. mostaza
1 cdta. jengibre fresco picadito
Sal y pimienta a gusto

PROCEDIMIENTO:

Mezcle todos los ingredientes y marine el pollo en ellos por lo menos 8 horas antes de asarlo. Recuerde despegar la piel del pollo y poner la salsa de marinar entre la piel y la carne. Ponga bastante salsa en la cavidad del pollo. Antes de hornear vuelva a frotar toda la piel del pollo con la salsa donde lo esta marinando, para que coja un color bien bonito. Lleve a su microondas en HIGH por 21 a 25 minutos. Rinde para 6 personas.

NOTA: Esta receta la puede hacer con un pollo cortado en presas. Sirvala con un arroz chino.

PECHUGA DE POLLO CON AGUACATE Y QUESO

INGREDIENTES:

2 pechugas enteras, partidas por la mitad sin piel
2 cdtas de jugo de limón
1/4 cdta. cebolla seca instantánea
1/2 cdta. albahaca seca
Pimienta a gusto
3 oz. queso cheddar rallado
4 ruedas de tomate
Aguacate

PROCEDIMIENTO:

Adobe la pechugas con jugo de limón, cebolla, albahaca y pimienta. Ponga en un recipiente apropiado para microondas. Cubra con papel parafinado y cocine de 7 a 9 minutos en HIGH. Coloque parte del queso luego el tomate y 2 tajadas de aguacate en cada pechuga, añada el resto del queso. Ponga en Medium High (70%) de energía hasta que el queso se derrita, de 3 a 5 minutos. Rinde para 4 personas.

POLLO AL CURRY

INGREDIENTES:

3 lbs. de pollo en presas
1 lata de coctel de frutas 30 oz. en sirop
Polvo curry (al gusto)
1/4 taza pasas secas
1/4 taza ron
Sal a gusto

PROCEDIMIENTO:

En un recipiente que pueda ir a su microonda (preferible una fuente para servirlo directamente a la mesa) coloque las presas de pollo, las cuales ha adobado con la sal y el polvo de curry. Añádale el resto de los ingredientes y selle con papel plástico para microondas los primeros 15 minutos en HIGH. Luego remueva el papel plástico y destapado póngalo de 8 a 12 minutos en HIGH. Deje reposar de 10 a 15 minutos antes de servir. Rinde para 6 personas.

NOTA: Sírvalo con el arroz con repollo y limón, es una combinación excelente.

PECHUGAS RELLENAS MEJICANAS

INGREDIENTES:

4 pechugas de pollo completas, deshuesadas y sin piel (1 1/2 lb.)
3 cdas. mantequilla
3 cdas, de queso "Cheez Whiz" (queso procesado blando)
3 cdtas. cebollas secas (Instant Minced Onion)
1 cdta. sal
1 cdta. Accen't
2 cdas. chile verde, picaditos en pedazos (Si no le gusta el picante en la comida, puede usar pimientos verdes)
1/4 taza mantequilla derretida
1 taza galletas molidas de queso (Cheddar Cheese Crackers)
1 1/2 cda. "Taco Seasoning Mix" (Mezcla para sazonar tacos)

PROCEDIMIENTO:

Ponga las pechugas entre dos pedazos de papel encerado y macháquelas hasta que queden bastante finitas. Con mucho cuidado quite el papel de la parte de arriba y ya tiene la pechuga lista para usted trabajar. Aparte en un molde pequeño bata las 3 cdas. de mantequilla junto con el "spread" de queso hasta que esté bien unida esa mezcla. Añada la cebolla seca, la sal, el accen't y los chiles. Vuelva a mezclar todo bien y de esa mezcla vamos a poner una porción en cada pechuga. Luego enrollar las pechugas tratando de que las puntas queden metidas dentro del rollito que estamos haciendo.

Estos rollitos los vamos a pasar por el 1/4 de taza de mantequilla derretida y luego por la mezcla de galletas molidas a la cual le hemos añadido el "Taco Seasoning Mix". Luego vamos a acomodar los rollitos en un molde de 8" x 8" x 2" y cubrirlo con papel encerado. Ponerlo en el microondas de 10 a 12 minutos en HIGH. Reposar 5 minutos antes de servir. Esta receta rinde para 4 personas.

POLLO A LA ITALIANA

INGREDIENTES:

1 pollo de 2 1/2 a 3 1/2 lb., cortado en pedazos
1 lata sopa tomates condensada de 10 oz.
1 lata 6 oz. pasta de tomates
1/4 cdta. sal de ajo
1/4 cdta. sal de cebolla
1/4 cdta. orégano
1 lata 4 oz. hongos en pedazos, sin el líquido
2 tazas queso mozzarella, rallado
1/4 taza queso parmesano rallado

PROCEDIMIENTO:

Quite la piel al pollo y coloque en un molde previamente engrasado. Debe ser un molde de aproximadamente 12" x 8" x 2". Recuerde poner la parte más gruesa del pollo al borde del molde. en un recipiente, mezclar la salsa de tomate, la pasta, la sal de cebolla, sal de ajo, oréganos y los hongos. Luego que tengamos todo mezclado ponerlo encima de las presas de pollo. Poner en el microondas de 20 a 22 minutos en High. Al cabo de este tiempo el pollo debe de estar hecho, y comenzamos a añadirle el queso parmesano y mozzarella encima. Volver a poner en nuestro microondas de 2 a 4 minutos hasta que el queso se derrita. Sáquelo de su microondas y déjelo reposar por 5 minutos antes de servirlo. Esta receta rinde para 6 personas.

PECHUGAS RELLENAS DE JAMON, QUESO Y SALSA DE VINO

INGREDIENTES:

Para empanizar las pechugas, usar 1/2 taza de polvo de galletas o pan
1 cda. de queso parmesano
1 cda. de perejil seco
1 cdta. de orégano
1 cdta. de ajo en polvo
3 cdas. de mantequilla derretida
4 pechugas de pollo enteras, sin la piel y sin huesos.
4 rebanadas de jamón cocido
4 rebanadas de queso suizo
   (las rebanadas deben ser picadas bien finitas)

Salsa

2 cdas. de mantequilla
2 cdas. de harina de trigo
1 cdta. que vamos a medir, después de haber molido 1 cubito de pollo
1 cdta. de perejil seco
1/2 cdta. de ajo en polvo
1/4 cdta. de pimienta blanca
1 taza de leche
1/4 taza de vino blanco seco

PROCEDIMIENTO:

Combinar las migajas de pan o galletas junto con el queso parmesano, orégano, perejil seco, la sal y el ajo en polvo. Con las 3 cdas. de mantequilla, las cuales podemos derretir en nuestro microondas, en high de 30 a 60 segundos, coger con un cepillito o una brochita, y pasar la matequilla derretida adentro de las pechugas. Encima, después de haber puesto la mantequilla (que quede mojada la pechuga con mantequilla) le ponemos una rebanada de jamón, y una de queso. Doblar las pechugas para que el jamón y el queso queden dentro de la pechuga. Poner el resto de la mantequilla en la parte de afuera de la pechuga, y luego pasarla por la mezcla de galletas que tenemos lista. Colocar las pechugas en un plato de hornear que pueda ir al microondas, de aproximadamente 12" x 8" x 2".

La mezcla de galletas que nos sobró, ponérselas por encima a las pechugas; llevarlo al microondas y cocinar destapada en Medium durante 15 ó 20 minutos. Cuando tengamos listas las pechugas, hacer la salsa de vino.

PROCEDIMIENTO SALSA:

Derretir las 2 cdas. de mantequilla, mezclar bien con la mantequilla la harina de trigo (formar una pasta sin grumos.) Añadir el resto de los ingredientes y mezclar bien. Poner en su microondas de 3 a 6 min. en "High", destapado. Mover a mitad de tiempo para que no se formen grumos. Cuando este espese, volver a batir bien y servir con las pechugas.

PECHUGAS RELLENAS

PROCEDIMIENTO:

Siga la receta de Pechugas rellenas de jamón y queso pero omita la salsa. Acomode las pechugas en un plato que pueda ir a su microondas y póngale encima unos pedacitos de matequilla antes de ponerlas en su microondas.

NOTA: Si las desea rebanar para servir como entremeses deje que se enfrien para luego rebanarlas.

CACEROLA DE POLLO MEJICANA

INGREDIENTES:

1 lata de 10 1/2 oz. sopa crema de pollo condensada
2 cdas. chiles verdes picaditos, (ó pimientos verdes)
1/4 cdta. cebolla seca (Instant Mix Onion)
1/2 taza de agua
2 tomates grandes, maduros, pero firmes
1 paq. 6 oz. de Doritos
2 tazas de pollo picado en cuadritos, (si no tiene pollo cocinado, puede usar 2 latas de 5 oz. cada una de pollo sin hueso picado)
1 taza queso Cheddar picado

PROCEDIMIENTO:

Mezcle la sopa, los chiles, la cebolla y el agua; hasta que esté todo bien unido. Luego rebane los tomates aproximadamente 1/2" de espesor. En un recipiente apropiado para microondas, en el que podamos hacer un "casserole" poner una taza de pollo picado en pedacitos, y la mitad de las ruedas de los tomates; luego poner encima la mitad de la mezcla de las sopas, y vamos a añadir una 1/4 parte del queso. Luego repetir la capa de doritos, los tomates y el pollo hasta que lleguemos al final que terminamos con queso. Esto es un casserole, y la forma ideal de cocinarlo es con el medidor de temperaturas (Temp. Probe) o Microtermómetro, colocarlo en el centro del casserole y ponerlo a 155 grados. El nivel de energía debe ser medium HIGH (80% ó 70%). Esta receta rinde para 6 a 8 personas.

NOTA: En los modelos de hornos que no tengan medidor de temperaturas o termómetro, se usa el minimo de tiempo requerido; que aproximadamente es de 12 a 15 minutos. Nivel de energía Medium High (80% o 70%).

PAVO

El microondas ha venido a ser una solución para cuando queremos hacer un pavo. Sobre todo, cuando hablamos de descongelar un pavo que pese 12 lbs., pues ya con el microondas representa una economía de tiempo. La forma del pavo al igual que su tamaño, va a influenciar en el tiempo y la forma que vamos a descongelarlo.

Un pavo con la pechuga bien carnosa y grande va a demorar más en descongelarse que un pavo del mismo peso que sea más delgado y sea menos voluminosa la pechuga. La pechuga, probablemente, tendremos que protegerla con papel de aluminio porque es la parte más alta del pavo y la más cercana a la fuente de energía de su horno de microondas.

Las direcciones que voy a dar a continuación son para descongelar pavos que pesen hasta 12 lbs. Pavos más grandes pueden ser descongelados usando el mismo método, pero permitiendo que el pavo repose 30 minutos después de aplicarle descongelación, o dividiendo la descongelación en 4 partes. En estos pavos grandes se necesita una tira de papel de aluminio de aproximadamente 5" para ponerla encima de la pechuga, para prevenir que no empiece a cocinarse la pechuga cuando estemos descongelando. Usted puede, si lo desea, empezar a descongelar su pavo la noche anterior al día que planea asarlo. En ese caso va a descongelar 3/4 partes del tiempo, y va a dejar la otra 1/4 del tiempo para que el pavo termine de descongelarse dentro de su refrigerador.

DIRECCIONES PARA DESCONGELAR

Coloque el pavo, sin desenvolverlo, con la pechuga para abajo en su horno. No es necesario remover el amarre de metal que trae debido a que el pavo es una masa grande de alimento y el amarre de metal no va a afectar la microondas. La precaución que debe tomar es que el metal no toque ninguna de las paredes de su horno.

Vamos a ponerlo en el microondas en "DEFROST", por 1/4 parte del tiempo. Debemos recordar que el pavo tarda de 6 a 8 minutos por libra en "DEFROST" (descongelación). Después que haya pasado la primera 1/4 parte del tiempo vamos a mover el pavo, que las patas queden donde estaba el pescuezo, o sea una mitad. Y vamos a poner nuestro microondas por otra 1/4 parte del tiempo. Luego vamos a sacar el pavo del microondas, procedemos a quitarle la envoltura y lo ponemos en una bandeja que pueda ir al microondas, recoger las patas, las puntitas de las alas y cualquier área que veamos que se ha tornado color "Brown" (dorado) o que se sienta caliente, con pedacitos pequeños de papel de aluminio. Los pedacitos de papel de aluminio los podemos asegurar con palillos de dientes. Recuerden que el papel de aluminio debe ser una cantidad mínima comparada con la masa total del pavo.

Poner el pavo con la pechuga hacia abajo y dar el resto del tiempo de descongelación. Cuando termine el tiempo sacar el pavo, remover el amarre de las patas y poner en el fregadero bajo el agua fría, echándole agua en la cavidad para poder sacar el cuello, molleja y el hígado que traen dentro del pavo. La cavidad del pavo debe estar suave pero fría. **Recuerde que va a calcular de 6 a 8 minutos por libra para descongelar su pavo.**

Notarán que hay diferentes formas de hacer el pavo, según el libro que estén usando. Yo personalmente prefiero hacer mi pavo 8 minutos por libra, en HIGH. Empiezo la primera parte con la pechuga hacia abajo y a mitad del tiempo lo volteo para terminar con la pechuga hacia arriba.

En un envase me gusta hacer la mezcla de 2 cucharadas de Kitchen Bouquet, o un agente dorador con 2 cucharadas mantequilla para combinarlas ambas y pintar con una brochita el pavo antes de empezar a cocinarlo.

Cada 20 minutos, del líquido que ha botado el pavo, se echa por encima. Si tengo un exceso de líquido en el plato, remuevo alguno de ello para hacer la cocción del pavo más económica, ya que este líquido que tenemos en el plato donde estamos haciendo el pavo, está también absorbiendo energía del microondas.

OTRA FORMA DE HACER PAVO

Hacerlo en Medium todo el tiempo y calculando de 8 a 10 minutos por libra. La forma más segura de hacer pavo después que pese más de 5 lbs., es usando el medidor de temperatura (probe) y poniéndolo en una temperatura de 190^0. luego de alcanzar esta temperatura, quiere decir que el pavo está listo y el horno se apagará solo. Nunca inserte el termómetro en la pechuga. En casi todos los libros de recetarios de su microondas hay una ilustración donde demuestra como poner el "probe".

En nuestro horno podemos usar un termómetro de carnes portátil, que no sea necesariamente para microondas, y cuando sacamos el pavo ponemos el termómetro, esperamos unos 2 minutos a que marque exacto los grados. Si ya tenemos los 190 grados, quiere decir que el pavo está listo. Si no ha llegado a los 190^0, lo volvemos a poner en el microondas por unos minutos.

Dependiendo de cuan grande sea el pavo, se usa un trivet o no. El trivet es el platito que se pone debajo de los asados para levantarlos de su propio jugo. Ahora, en caso en que los pavos tengan la pechuga muy alta, si usamos un trivet la parte de la pechuga del pavo va a quedar muy pegada a la fuente de las microondas y se nos va a sobrecocinar. Si ese es el caso, vamos a poner directamente en la fuente de hornear sin usar el trivet.

INSTRUCCIONES PARA LAS PERSONAS QUE TIENEN HORNO DE MICROONDAS Y CONVECCION Y LO QUIEREN HACER POR CONVECCION.

No hay necesidad de pre-calentar su horno para hacer el pavo en convección. Simplemente ponga su horno en 300 a 325 grados. Luego va a calcular el pavo de 12 a 15 minutos por libra. Para evitar tener que mover el pavo con la pechuga para arriba y luego para abajo, póngalo directamente en el rack de metal que trae su horno de convección, y ponga en la parte de abajo el "splash grill" (bandeja metalica con hendiduras que trae el horno). Obtendrá un pavo jugoso, riquísimo y sin ningún problema de que se ensucie demasiado el horno.

Las personas que tienen combinación en su microondas (Combination Convection-Microwave") pueden también hacer su pavo en esta forma y pueden empezar a cocinar el pavo con calor de convección con calor de 325 grados por 8 minutos por libra y después terminar en Medium High, un 70% del tiempo calculando 2 minutos por libra.

PARA SABER QUE SU PAVO ESTA LISTO:

Si no tiene termómetro mueva los muslos del pavo, si se mueven bien fácil, o sea bien sueltecitos, es que el pavo ya está listo. También puede hacer un cortecito en la carne, si salen los líquidos claros quiere decir que ese pavo está listo y ya lo puede cubrir con papel de aluminio y dejarlo reposar de 15 a 20 minutos antes de cortarlo y servirlo.

ADOBO BASICO CRIOLLO PARA EL PAVO

Este adobo que voy a dar a continuación es calculando para 1 lb. de pavo limpio. Tienen que multiplicar y agrandar el adobo de acuerdo a las libras que tenga su pavo.

PROCEDIMIENTO:

Para 1 lb. de pavo, muela un grano pequeño de ajo, un grano pequeño de pimienta, 1/2 cucharadita de orégano seco, una pezca de sal, 1/2 cucharadita aceite de oliva, 1/2 cucharadita vinagre o limón.

Multiplique el peso del pavo por ese adobo y así obtendrá el adobo requerido. Distribuya bien el adobo entre el interior y el exterior del pavo sin pinchar en ningún momento pues de ese modo evitará que le quede reseco. Prepare el molde que pueda ir a su microondas con el pavo y llévelo a su microondas, dándole el tiempo que ya dijimos anteriormente por libras.

NOTA: El pavo quedará más sabroso si lo adoba 24 horas antes de asarlo.

RECETA DE RELLENO BASICO PARA EL PAVO

Esta receta es pra rellenar un pavo de 12 a 14 lbs. Use lo necesario para rellenar 3/4 partes del pavo. No debe nunca rellenarlo completo. Recuerde que cuando se cueze expande. Si le sobra relleno guardelo, ya que luego lo podemos usar para pastelón, para pasteles, pastelillos, etc.

INGREDIENTES:

1 1/2 lb. carne masa cerdo o de res molida
   (el hígado, el corazón, la molleja del pavo, molidas)
1/3 taza cebolla molida
1 taza pasas sin semilla
1 cdta. alcaparras
6 aceitunas rellenas
1/2 cdta. sal
8 a 10 ciruelas negras, secas, sin semillas
1 lata 7 oz. pimientos morrones
4 huevos duros, picaditos
1 cdta. azúcar
1 frasco o 1 lata de 1 lb. de compota de manzana (Apple Sauce)
   (opcional)

PROCEDIMIENTO:

En un recipiente que pueda ir al microondas, vamos a mezclar todos los ingredientes y luego que estén todos mezclados, ponerlos por aproximadamente 10 minutos en HIGH. Sacar del microondas, y mover bien la carne y lo dejamos que enfríe para luego rellenar el pavo con ese relleno.

OTRO RELLENO PARA EL PAVO

Los menudos del pavo, hígado, corazón, mollejas, todos picados bien pequeñitos
1 cebolla grande
1/4 lb. jamón de cocinar picado bien pequeñito
1 lb. carne cerdo molida
1 lb. carne res molida
1/2 cdta. sal
1/2 cdta. polvo pimienta
3 huevos duros picaditos
1 lb. ciruelas negras, secas, sin semillas, picaditas
1 cda. azúcar
1/3 taza galletas de soda molidas
1/2 lb. pasas sin semillas
1/2 taza vino seco
   (puede ser blanco o tinto)
1 frasco, 1 lb. compota manzana (Apple Sauce) (opcional)

PROCEDIMIENTO:

Mezclar todos los ingredientes en un recipiente que pueda ir al microondas y cocinar de 12 a 15 minutos en HIGH. Vamos a recobrar del microondas, y a mover bien, para separar bien la carne y si ha botado mucho jugo, colar los jugos y dejar que enfríe el relleno par entonces rellenar nuestro pavo.

RECETAS CON SOBRANTES DE PAVO

Todas hemos pasado por la experiencia de que cuando hacemos pavo, siempre nos sobra mucha cantidad de pavo y no sabemos qué hacer con esta carne. A continuación les voy a dar algunas cuantas recetas par solucionar qué hacer cuando tenemos exceso de pavo que nos ha sobrado el Día de Acción de Gracias.

PAVO CON BROCOLI (BRECOL)

Con esta receta podemos usar brocoli fresco o brocoli congelado

INGREDIENTES:

1 Paquete Brocoli congelado 1 lb. (16 oz.)
8 a 12 rebanadas de pavo
1 taza de la receta de salsa de queso

PROCEDIMIENTO:

Ponga la bolsita de brocoli congelado, en su microondas por 10 minutos en HIGH, hagale una insición por la parte de arriba, a la bolsa. En un molde ponga en el fondo el brocoli, encima pone las rebanadas de pavo y luego cubrala con la salsa. Poner en el microondas en el nivel de energía HIGH de 6 a 8 minutos. Rinde para 6 personas.

SALSA DE QUESO PARA EL BROCOLI CON PAVO

PROCEDIMIENTO:

Derrita 2 cucharadas de mantequilla, por 30 segundos, añada 2 cucharadas de harina de trigo, después que este bien unida añada una taza de leche. Poner en el microondas por alrededor de 2 a 4 minutos en HIGH, hasta que espese la salsa. Cuando haya espesado la salsa blanca, le vamos a añadir una taza de queso rallado. Puede ser queso suizo combinado con queso parmesano, o queso cheddar, dependiendo del color que querramos hacer la salsa, mezclar con la salsa blanca hasta que se derrita el queso y obtengamos una crema suave.

SANDWICHES DE QUESO Y PAVO

INGREDIENTES:

4 lascas de tocineta
4 rebanadas de pan
de 6 a 8 rebanadas de pavo (preferible el de la pechuga)
4 rebanadas de tomate, aproximadamente de 1/4" espesor
1 taza salsa de queso (ver receta de pavo con brocoli)
1/4 taza queso parmesano

PROCEDIMIENTO:

En un plato de cartón, ponerle unas 2 hojas papel toalla, colocar la tocineta sobre la hoja de papel toalla, taparla con otra hoja de papel toalla. Poner en el microondas en HIGH de 2 1/2 a 3 minutos para cocinar parcialmente la tocineta. En dos moldes pequeños, en forma de platos, vamos a colocar 2 tostadas en un plato y 2 tostadas en otro plato. Luego encima le colocamos las lascas de pavo, diviéndolas entre los dos platos. Poner 2 rebanadas de tomate sobre cada sandwich. Dividir la salsa de queso sobre los dos sandwiches, y vamos a espolvorear el 1/4 taza de queso parmesano a los 2 sandwiches. Después le vamos a poner 2 lascas de la tocineta que ya pre-cocinamos por encima. Cuando las tengamos así listas, vamos a cubrirlos con papel encerado (wax paper) y llevar al microondas en nivel de energía Medium, de 4 a 6 minutos, o hasta que estén bien calientes los sandwiches. Esta receta rinde para 2 personas.

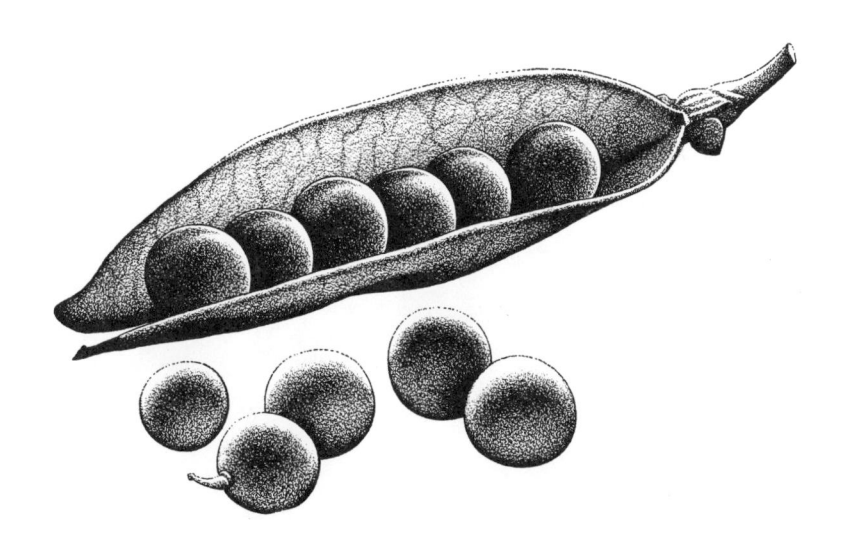

GRANOS
(Habichuelas)

Granos

Cuando hablamos de granos, hablamos del favorito de la mesa puertorriqueña, las habichuelas. Hay muchas formas de hacerlas en el horno de microondas. La más rápida por supuesto, son las habichuelas enlatadas de las cuales vamos a dar recetas más adelante en este capítulo.

Pero si deseamos ablandar granos debemos tener en cuenta lo mismo que hacemos en nuestra cocina convencional, remojarlos cubiertos de agua por la noche para prepararlos al otro día. Esto nos dará más rapidez, ya que el grano es seco y hay que hidratarlo. Si deseamos aligerar el problema de dejarlo desde la noche anterior en agua, remojando, podemos usar un método en microondas que yo he probado que se hace con bastante rapidez. Cubro las habichuelas con agua y las pongo en microondas en "High" de 8 a 10 minutos hasta que el agua empieza a hervir. Las dejo reposar por 1 hora antes de seguir haciendo la receta que llevan las habichuelas. Para ablandar las habichuelas en el microondas ponga 1 libra en un recipiente de 3 cuartillos, con 4 tazas de agua, tapada, en "High" durante 20 minutos, y luego en "Medium" de 40 a 55 minutos.

SOFRITO BASICO
PARA AÑADIR A LOS GRANOS

INGREDIENTES:

1 cda. aceite de oliva
2 oz. jamón de cocinar, picadito bien pequeño
Moler juntos 1 cebolla pequeña, 1 pimiento verde, 2 ajíes dulces, 3 hojas culantro o culantrillo, 1/4 cucharadita de orégano seco, 3 granos de ajo mediano, 2 cucharadas de salsa de tomate y 1 sobrecito de sazón con achiote, o si prepara el mismo en su casa, 1 cucharada aceite o de manteca con achiote, sal y pimiento a gusto.

INSTRUCCIONES PARA SOFRITO

En un utensilio adecuado para microondas, poner el jamón con la cucharada de aceite de oliva a cocinar 2 minutos en "High". Luego añadir todos los ingredientes que hemos mencionado en el principio de la receta y ponemos en nuestro microondas de 3 a 6 minutos. Luego añadir los granos.

HABICHUELAS ROSADAS SECAS

INGREDIENTES:

1 lb. habichuelas rosadas secas
4 tazas de agua
1/2 lb. calabaza mondada en pedazos
1 receta de sofrito (Sofrito básico) habichuelas
1 cda. de sal.

PROCEDIMIENTO:

La noche anterior dejarlas ablandando en agua, que tapen las habichuelas. Al día siguiente, poner en un recipiente con capacidad de 3 cuartillos, con las 4 tazas de agua. Poner en el microondas, tapadas en "High" por 20 minutos. Luego las vamos a seguir cocinando con temperatura "Medium" (50% a 60%) por 45 a 50 minutos, hasta que estén tiernas y blandas. Luego le vamos a añadir el sofrito básico y la calabaza y vamos a darles de 10 a 15 minutos adicionales hasta que espesen y queden con la consistencia que queremos. **La última parte de cocinarlas se hace en "High".**

HABICHUELAS ROJAS SECAS

Para hacer habichuelas rojas, vamos a proceder igual que en la receta de habichuelas rosadas secas. Si desea una sazón más dulce en las habichuelas, puede añadir un pedazo de plátano maduro, y añadirle 3 minutos en "High" en tiempo de cocción.

HABICHUELAS BLANCAS SECAS

Proceda como la receta de habichuelas rosadas secas. La única diferencia es que vamos a agregar una cucharadita de vinagre al sofrito.

GARBANZOS SECOS

INGREDIENTES:

1 lb. garbanzos secos
4 tazas de agua
1 lb. calabaza
1 lata 5 oz. chorizos partidos en dos
1 hueso jamón pequeño
1/2 lb. de costillas de cerdo cortadas en pedazos
1/4 taza salsa tomate, además de 3 cucharadas grandes de sofrito básico para habichuelas.

PROCEDIMIENTO:

La noche anterior se ponen los garbanzos en agua. Al día siguiente, en un recipiente apropiado para microondas, aproximadamente de 3 a 4 cuartillos, ponga los garbanzos y las 4 tazas de agua bien tapados, según indicaciones para granos secos. Cuando los garbanzos estén bastante blandos, vamos a colocar en la olla el resto de los ingredientes dados en la receta, y volvemos a poner en nuestro microondas esta vez en "High", por aproximadamete 20 a 25 minutos, hasta que estén blandos y hayan espesado la salsa a gusto.

GANDULES FRESCOS

(Esta receta rinde para 6 personas)

INGREDIENTES:

1 lb. gandules frescos
3 tazas agua
1/2 lb. calabaza
2 cdas. de sal
3 cdas. sofrito para granos

PROCEDIMIENTO:

En un recipiente para microondas de aproximadamente 3 cuartillos, coloque todos los ingredientes juntos. Ponga en su microondas los primeros 20 minutos en "High", luego baje el nivel de energía a "Medium", aproximadamente de 20 a 35 minutos hasa que espese la salsa de los gandules.

NOTA: Puede añadir a los gandules, bollos de plátano. Cuando estén ya blandos los gandules y luego darles tiempo para que los bollos cocinen bien, aproximadamente de 5 a 10 minutos.

BOLLOS DE PLATANOS

INGREDIENTES:

4 guineos verdes
1 plátano verde
6 dientes de ajo molidos
1 cucharada de harina
Sal a gusto

PROCEDIMIENTO:

Pele los guineos y el plátano y guáyelos bien en la parte mediana del guayo. Añada el resto de los ingredientes y mezcle bien. Con una cuchara de madera mueva bien para que todo se una, y guarde en el refrigerador hasta que sea el momento de usarlo.

Vierta por cucharadas en los gandules hirviendo.

LENTEJAS

INGREDIENTES:

4 tazas de agua
1 lb. lentejas secas
1 hueso de jamón de aproximadamente 1 libra
1/2 taza cebolla picadita
2 dientes de ajo picaditos
1 cucharadita de sal
1/4 cucharada pimienta
1/4 cucharada orégano seco
1/4 cucharada perejil seco
1 hoja de laurel
3 chorizos picados (pueden ser los que vienen en bolsitas o enlatados)
2 zanahorias medianas, cortadas en rebanadas pequeñas
1 papa grande picada en cuadritos (aprox. la papa debe darle 1 1/2 taza de papa picada en cuadritos)

PROCEDIMIENTO:

En un recipiente de 4 cuartillos, vamos a combinar el agua, las lentejas, el jamón, orégano, la salsa y todos los demás ingredientes, excepto la zanahoria y la papa. Taparlo bien y llevarlo al microondas de 40 a 50 minutos en "High". Luego de pasado ese tiempo, retiramos el utensilio con las lentejas y vamos a sacar el hueso del jamón, y dejar la carne del jamón. Poner con las zanahorias y papas a cocinar en "High" de 20 a 25 minutos, hasta que los vegetales estén tiernos y hayan espesado las lentejas. Si remojan las lentejas la noche anterior, el tiempo primero en su microondas en vez de ser de 40 a 50 minutos, será de 20 minutos. Las lentejas estarán listas en 20 ó 25 minutos, para entonces agregar las zanahorias y las papas.

HABICHUELAS GUISADAS ENLATADAS

Cuando queremos más rapidez en la cocina, optamos por hacer las habichuelas de lata. Para esta receta necesitamos una lata de habichuelas hervidas en agua y sal.

INGREDIENTES:

3 cdas. sofrito
2 oz. jamón de cocinar
2 oz. de tocino (opcional)
1 pedazo de calabaza de aprox. 3 oz.
1/2 lata salsa tomate (4 oz.)
Aciete de oliva a gusto
1/4 taza de agua
1 cubito de caldo de pollo

PROCEDIMIENTO:

Vamos a cocinar el jamón y el tocino, 3 minutos en "High" en nuestro microondas. Luego añadimos el sofrito, la salsa, el culantro, la calabaza, el agua, el cubito y las habichuelas. Tapar y poner aproximadamente 10 minutos en "High" o hasta que espesen. Si quiere más rapidez en la cocina, ponga todos los ingredientes en un recipiente apropiado para microondas y cocine en "High" hasta que espesen, aproximadamente de 12 a 15 minutos.

NOTA: Puede sustituir el sofrito casero por sofrito congelado comercial como recaíto, etc. ¡Ojo! Puede usar habichuelas enlatadas con salsa de tomate y omitir la 1/2 lata de salsa.

FRIJOLES NEGROS

INGREDIENTES:

2 oz. jamón de cocinar
2 cdas. aceite de oliva
1 pimiento verde pequeño
1 cebolla pequeña
1 lata habichuelas negras hervidas en agua y sal
1/4 taza de agua
1 hoja de laurel
1 pizca comino molido
1 cdta. ajo molido
Sal a gusto

PROCEDIMIENTO:

Mezcle todos los ingredientes, excepto los frijoles negros y el agua. Ponga en su microondas por 5 minutos en "High". Añada el resto de los ingredientes y cocine aproximadamente de 8 a 12 minutos en "High" o hasta que espesen.

HUEVOS

Cuando hablamos de desayuno en la mesa del hogar puertorriqueño, o latino en general, no podemos dejar fuera los huevos. Los huevos, podemos comprobar que son muy versátiles, pueden ser preparados en una gran variedad de formas. A través de este libro, vamos a tratar de presentarles las formas básicas, y algunas recetas que están probadas con tiempo y niveles de energía, que siempre salen perfectas en el microondas. Debemos recordar que los huevos se cocinan rápidamente en su microondas, ya que es un alimento muy delicado. Es bien importante, cuando vamos a hacer huevos en el microondas, perforar las membranas no solamente de las yemas, sino también de las claras. Tres o cuatro veces, lo pueden hacer sin miedo ya que las yemas no se les van a romper. Esto es necesario hacerlo a menos que tengamos el utensilio de microondas, para hacer huevos duros, huevos escalfados o huevos revueltos, que se llama "Four Way Egg Cooker" es un utensilio de la firma Micro 21. Cuando tenemos este utensilio especialmente diseñado, para hacer huevos en microondas, entonces no es necesario perforar las yemas y las claras de los huevos.

Las yemas debido a su alto contenido de grasas cocinan más rápido que las claras. Es por esto que los niveles varían en las recetas, por ejemplo, los escalfados "poached" se deben cocinar en "Low" nivel de energía para que las claras tengan tiempo de cocinar sin sobrecocinarse las yemas. Cuando el huevo se mezcla para cocinarlo entonces lo podemos hacer en "High" temperatura máxima. Las tortillas se cocinan en "Medium" temperatura moderada, y no hay que dejarlas reposar antes de servirlas.

HUEVOS REVUELTOS

Los huevos revueltos cocinan mejor en microondas que convencionalmente. Toman menos tiempo, quedan más esponjosos y con más volumen. La receta básica para sacar un huevo revuelto es:

Echar una cucharadita de mantequilla por cada huevo, en un recipiente que pueda ir al microondas. Va a derretir la cucharadita de mantequilla en "High" aproximadamente de 10 a 15 segundos. Luego revuelva el huevo con mantequilla y le agrega 1 cucharadita de leche por huevo. Póngalo en el horno y calcule aproximadamente 3/4 de minuto por huevo. Hornee en "High" por la mitad del tiempo calculado. Mueva los huevos de adentro hacia afuera. Termine el tiempo señalado. Deje reposar de 1 a 2 minutos. El huevo terminará de adquirir la apariencia y la textura deseada en el reposo de 1 a 2 minutos.

HUEVOS FRITOS

Para hacer un huevo frito en microondas, necesitamos el plato de dorar "BROWN SEAR DISH". Pre-calentar el plato de dorar por 1 minuto en "High" por cada huevo que va a freir. Añada 1/2 cucharada de mantequilla por huevo. Ponga los huevos en el plato precalentado y cúbralos. Dele 3/4 de minuto por huevo. Recuerde perforar la yema y clara.

HUEVOS REVUELTOS CON CEBOLLA

INGREDIENTES:

2 cdas. de mantequilla o margarina
1 cebolla mediana, picadita
3 cucharadas salsa de tomate
6 huevos
1 cucharadita de sal
6 cdtas. de leche

PROCEDIMIENTO:

En un recipiente apropiado para microondas, derrita la mantequilla por aproximadamete 1 minuto en "High". Agregue la cebolla mondada, lavada, escurrida y cortada en pedacitos pequeños. Vuelva a colocar en su microondas para amortiguar la cebolla, aproximadamente 2 minutos en "High". Bata los huevos con la salsa de tomate, la sal y la leche. Agregue al recipiente con la mantequilla y la cebolla. Mezcle todo bien y póngalo 3 minutos en "High". Revuelva los huevos y termine el tiempo, 3 minutos más en "High". Saque el recipiente del microondas y déjelo reposar de 2 a 4 minutos. Rinde para 6 porciones.

HUEVOS REVUELTOS CON CHAYOTES

INGREDIENTES:

2 chayotes medianos
4 huevos
1 cucharada de sal
pimienta a gusto
1/4 taza de leche

PORCEDIMIENTO:

Ponga los dos chayotes en un plato de cartón, o en un recipiente para microondas durante 6 minutos en "High". Los chayotes solamente se lavan y se dejan enteros con su cáscara. Saque del microondas cuando terminen los 6 minutos, y déjelos reposar. Mientras tanto, vamos a batir los huevos como si fuéramos a hacer revoltillo. Añádale a los huevos, la sal, la pimienta y la leche. Luego de haber reposado los chayotes, quitarle la cáscara, picarlos en cuadritos y agregarlos al huevo. Volver a poner en su microondas durante 2 minutos en "High". Al cabo de los 2 minutos, revolver el revoltillo y volver a poner aproximadamente de 1 a 3 minutos en "High". Cuando ya estén listos los huevos, dejarlos reposar de 2 a 3 minutos antes de servir. Rinde para 6 personas.

NOTA:

Si a los 6 min. los chayotes todavía están un poco duros dele unos minutos adicionales.

HUEVOS CON SALSA DE GUISANTES

INGREDIENTES:

6 huevos fritos

Salsa para poner por encima de los huevos fritos

INGREDIENTES:

2 cdas. mantequilla o margarina
1 cebolla bien picada
6 oz. de guisantes ("Petit Pois") enlatados
3 cdas. de salsa de tomate
Sal y pimienta a gusto

PROCEDIMIENTO:

Pique la cebolla bien pequeñita y póngala con las dos cucharadas de mantequilla en su microondas, durante un minuto en "High". Agregar la salsa de tomate, los guisantes bien escurridos, y cocine durante un minuto en "High". Sirva la salsa caliente sobre los huevos. Esta receta rinde para 6 personas.

NOTA: Puede hacer los huevos fritos en el sartén y la salsa en su microondas.

Variación:
Puede poner queso mozarella ó suizo rallado encima de los huevos con la salsa y volver a poner en su microondas por unos minutos para que el queso se derrita.

HUEVOS EN SU NIDO A LA VINAGRETA

INGREDIENTES:

6 huevos
2 cebollas grandes
2 tomates maduros, grandes
1/2 taza de aceite de oliva
3 cdtas. de sal
3 cdas. de vinagre
Pimienta a gusto

PROCEDIMIENTO:

Para hacer esta receta, puede usar el molde de cristal Pyrex redondo para hornear. Recuerde que tiene que ser un recipiente que pueda ir al microondas. Divida los tomates en 6 ruedas. Coloque en el fondo del molde las ruedas de tomate. Monde y lave las cebollas, divida las cebollas en 6 ruedas. Coloque las ruedas de cebolla sobre las ruedas de tomate. Saque un poco del centro de cada rueda de cebolla para formar una especie de nido en donde vamos a colocar los huevos. Recuerde perforar los huevos. Rocee con sal, pimienta, vinagre y aceite cada nido. Tape el molde redondo con papel plástico para microondas. Póngalos en su microondas en nivel de energía "Medium", aproximadamente de 5 a 8 minutos. Remueva de su microondas. Deje reposar de 3 a 6 minutos. ¡Muy bonito y delicioso!

HUEVOS EN SALSA DE CREMA DE ESPARRAGOS

INGREDIENTES:

6 huevos duros cortados en rebanadas finas
1 lata de 10 1/2 oz. de puntas de espárragos
1 lata de leche evaporada de 13 oz., sin diluir
1/4 taza de harina trigo
1/2 cucharadita de sal
4 cdas. de mantequilla
Polvo de galleta amantequillada

PROCEDIMIENTO:

Derrita la mantequilla en "High" aproximadamente de 1 a 2 minutos. Una bien la harina de trigo con la mantequilla. Cuando esté bien unida, que no tenga grumos, agregue sal, la leche evaporada y el líquido de la lata de espárragos. Mezcle todo bien y coloque el recipiente en su microondas aproximadamente de 3 a 5 minutos en "High", hasta que obtenga una salsa mediana, no muy espesa. Bata bien la salsa. Retírela del microondas. En un molde para microondas, preferiblemente redondo, de aproximadamente 10" a 12" de diámetro, engrase el mismo con mantequilla y procedemos a poner una camada de las rebanadas de huevo duro y sobre ella los espárragos, la mitad de la salsa, otra camada de las rebanadas de los huevos duros y terminamos con la salsa. Después le ponemos la galleta amantequillada.

NOTA: Para hacer galletas amantequilladas
Aproximadamente 1/2 taza de galleta en polvo le agregamos 2 cucharadas de mantequilla derretida. La mezclamos y esto es lo que usamos y llamamos galletas amantequilladas.

Podemos usar el "Micro Shake" con sabor a pollo "Chicken Micro shake".

Poner un poco por encima del molde, para obtener la apariencia del gratinado. Luego hornear en "High", destapado el molde, alrededor de 5 a 6 minutos. Si tiene un horno de microondas y convección, puede gratinar (dorar) el molde pre-calentando en convección a 450F, y luego poner el molde de 10 a 15 minutos, hasta que dore. **No use el "Micro Shake" si es que va a usar convección.**

HUEVOS AL PERICO

(Receta de la cocina venezolana)

INGREDIENTES:

1 tomate grande maduro, picado pequeño
1 pimiento verde, picado pequeño
1 cebolla mediana, picada pequeña
1 diente de ajo, picado pequeña
Sal y pimienta a gusto
8 huevos batidos
3 cucharadas mantequilla

PROCEDIMIENTO:

Debe echar la mantequilla en un recipiente para microondas, preferible que sea redondo, con tapa. Coloque el resto de los ingredientes, excepto los huevos. Cocine en "High" por 5 minutos, tapado. Agregue los huevos y mueva bien. Vuelva a tapar el recipiente u olla para microondas y vuelva a cocinar en "High" de 4 a 6 minutos. Revuelva los huevos. Espere a que reposen. Si le gusta el huevo más hecho o más duro, vuelva a colocar en su microondas por 1 minuto adicional. Esta receta rinde para 8 personas.

TORTILLA ESPAÑOLA

INGREDIENTES:

2 papas hornear, medianas
1 cebolla mediana, picadita
2 cucharadas aceite oliva
2 dientes de ajo molido
Sal, pimienta a gusto
4 huevos
1/4 taza leche
Pimientos morrones y perejil para decorar

PROCEDIMIENTO:

Hornee las papas en su microondas aproximadamente de 5 a 6 minutos en "High". Envuélvalas en papel aluminio y déjelas reposar. Pélelas y córtelas en pedazos no muy pequeños. En un plato de hornear de 6" redondo, (lo ideal es el plato de hacer "pie" - pasteles) combine el aceite, cebolla y el ajo molido. Caliente en "High" de 3 a 4 minutos. Bata los huevos con la leche, sal y la pimienta. Agréguele las papas y los huevos que ha batido al plato de hornear. Cubra con papel plástico y cocine en temperatura "Medium" de 5 a 6 minutos, o hasta que los huevos estén cuajados. Deje reposar 5 minutos antes de servirla. Decore con los pimientos morrones y el perejil. Sirva en el mismo molde. Esta receta rinde para seis personas.

NOTA: Esta receta es la receta original de Tortilla Española. Sobre ella se pueden hacer muchas variantes. Se le puede añadir "petit póis", jamón, chorizos, el variante que más le guste a la familia. También se puede poner la papa cruda, pelarla y picarla en lascas irregulares y ponerlas bien tapadas en su microondas a cocinar, omitiendo el procedimiento #1, que lleva la tortilla que es asar las papas. También si tenemos el molde de tubo en el centro para hacer flanes, podemos preparar la tortilla en ese molde y voltearla para servirla decorándola con un tomate en forma de rosa, o con unas lascas de tomate con perejil.

Use su imaginación y lo que tenga en su nevera en el momento de hacer una buena tortilla para la familia.

TORTILLA "SOUFFLE"

INGREDIENTES:

3 huevos (separar la yema y la clara)
3 cucharadas "sour cream" o leche
Sal y pimienta a gusto
2 cucharadas mantequilla o margarina

PROCEDIMIENTO:

Bata las yemas de huevo con el "sour cream" (crema agria) o la leche, la sal y la pimienta. Aparte bata las claras hasta que formen picos. Envuelva la mezcla de las yemas de huevos con las claras. En un plato redondo que pueda llevar al microondas, derrita 2 cucharadas de mantequilla. Añada la mezcla de huevo y cocine durante 45 segundos en temperatura "High". Chequee y mueva la mezcla del centro hacia las orillas y cocine por 45 segundos a 1 1/2 minutos más. Después de cocinada la tortilla puede ponerle pedazos de queso encima que se derretirán con el calor que conserve la tortilla. Sirva directamente en el plato. Rinde para tres personas.

ARO DE HUEVO

INGREDIENTES:

6 huevos batidos
1/4 taza de leche
1/2 cucharadita de sal
1/4 cucharada pimienta
10 aceitunas rellenas picadas en rueditas
2 cucharaditas mantequilla o margarina derretida
1 tomate maduro, pelado y picado en pedacitos
1/2 taza de queso "cheddar" picado

PROCEDIMIENTO:

Combine todos los ingredientes. Mezcle bien. Eche la mezcla en un molde de aro en el centro engrasado con mantequilla. Hornee a 60 por ciento de nivel de energía o "medium", de 6 a 9 minutos. Antes de servir, déjela reposar 2 minutos. Esta receta rinde para 6 personas. rinde para 6 personas.

Para servir este plato puede voltear el molde y decorar el aro que vamos a tener de huevo, con perejil picadito y unos pedacitos de pimientos morrones.

TORTILLA FRANCESA BASICA

INGREDIENTES:

4 huevos separados
1/4 taza leche
1/2 cucharadita de sal
1/4 cucharadita polvo de hornear
1/8 cucharadita pimienta
1 cucharada mantequilla

Relleno - El relleno puede ser el que más le guste a su familia, desde simple queso hasta una mezcla de vegetales, perejil, lo que más disfrute su familia.

PROCEDIMIENTO:

En un "bowl" mediano bata las claras de huevos hasta que éstas formen picos. Combine el resto de los ingredientes, excepto la mantequilla, en otro envase. Envuelva las yemas en las claras de huevos batidas. En un plato redondo de 9" (el plato ideal es el de "pie" - 9" - "pie plate") ponga la mantequilla y lleve a su microondas en "High", de 30 a 45 segundos, o hasta que se derrita la misma. Cuando la mantequilla se haya derretido, eche la mezcla de huevos en el plato. Lleve a su microondas y hornee a un 50 porciento o "Medium-Low" de 2 a 3 minutos.

Cuando vea parcialmente fija la tortilla, levante las esquinas para dejar que la porción del centro que no se haya cocinado se vaya a los lados para que se cocine la tortilla igual por todos lados. Vuelva a poner en su microondas de 2 a 4 minutos, o hasta que el centro esté prácticamente cuajado. En este momento vamos a rellenar la tortilla, ponerle los rellenos que más deseamos en el centro y luego con una espátula delicadamente vamos a doblar la tortilla. Con la ayuda de la espátula saque la tortilla del molde y póngala en el plato donde la va a servir. Esta receta rinde de 2 a 4 personas.

HUEVOS RELLENOS CON ANCHOAS

INGREDIENTES:

12 huevos duros
1 latita de anchoas
1 cda. de mantequilla
1 cda. de mostaza
2 cdas. perejil picadito
Sal y pimienta a gusto

PROCEDIMIENTO:

Corte los huevos a lo largo por la mitad y remueva las yemas de las claras. En una escudilla coloque las yemas, las anchoas con el aceite que trae en la lata, la mantequilla derretida, la mostaza y el perejil picado. Sazone a gusto. Mezcle bien todos los ingredientes para formar una pasta y con ella rellene las claras de huevo que reservó. Los puede decorar con pimientos morrones picaditos.

NOTA: Ideal para preparar con anticipación, refrigerarlos y servirlos como primer plato o para usarse en "buffets".

PESCADOS Y MARISCOS

El pescado encabeza la lista de comidas que más frecuentemente dañamos en nuestro microondas, cocinándolos demasiado. Debido a que el pescado tiene tejidos conectivos muy frágiles, es fácil sobrecocinarlos. Vamos a recordar sobre todo cuando estamos cocinando pescado y mariscos que el alimento que sale del microondas sigue cocinándose en su propio calor por varios minutos más. Si lo sacamos sin terminar de cocinar siempre lo podemos arreglar, si lo sacamos sobre cocinado, no tiene arreglo alguno. Siempre que descongelamos pescado es recomendable ir al libro que tiene nuestro microondas y consultar la tabla que trae el libro bajo "Defrost" (descongelación). Casi todos los pescados y mariscos tardan alrededor de 5 a 8 minutos por libra para descongelarse. Pero vamos a estar bien pendientes cuando vamos a descongelar pescados y mariscos, ya que son tan delicadas esas carnes que pueden empezar a cocinarse y luego tendremos un pescado duro y gomoso. El pescado al igual que el marisco se saca de descongelar todavía con hielo. Luego lo ponemos bajo la pluma de agua en el fregadero, y terminamos de separar los filetes de pescado, los camarones, etc.

Al cocinar los pescados consulte la tabla de su libro. Tardan alrededor de 4 a 5 minutos por libra y se cocinan en "High". Pueden cocinar camarones en "High" (3-4 minutos por libra) o en "Medium" (4-5 minutos por libra). Déle el tiempo mínimo en que pueden estar listos y chequeelos. Si el pescado se pone opaco y ya casi desmenuza con el tenedor, sáquelo y déjelo reposar un par de minutos. Quedará tierno y jugoso.

Al cocinar los camarones, sáquelos cuando estén rosados y firmes. Los rabos de langosta se cocinan en "High" de 6 a 7 minutos por libra. Se cocinan sin agua. El centro del rabo se termina de cocinar en el reposo de 5 a 10 minutos.

OSTRAS ROCKEFELLER

INGREDIENTES:

12 ostras frescas
1/2 taza espinacas bien picadas (cocinadas)
1/3 migajas de pan o galletas
1 cda. de celery bien picado
1 cda. perejil bien fino (parsley)
1/2 cdta. cebollín verde
1/4 cdta. sal
1/4 cdta. pimienta
1/4 cidta. albahaca seca (basil)
1/4 cdita. Paprika (pimentón)
1/2 taza de mantequilla, ablandada
Galleta amantequillada:
 1/2 taza migajas de pan o galletas
 1 cda. mantequilla derretida

PROCEDIMIENTO:

Lavar cada ostra bien. Colocar en molde con tapa o sellado con papel en horno, temperatura "High" de 1 a 3 minutos, hasta que las ostras abran. Quite la tapa de arriba de las ostras y descártelas. Remueva la ostra de la concha y lave bien la concha. Vuelva a colocar cada ostra en su concha. Perfore cada ostra varias veces. Combine en un recipiente las espinacas, las migajas de pan, celery, perejil, cebollines, sal, pimienta, albahaca y paprika. Añada la mantequilla ablandada. Bata hasta que esté bien mezclado. La mezcla se verá en grumos. Aparte mezcle el resto de migajas de pan y mantequilla derretida.

Acomode las ostras en un recipiente para microondas llano. Si tiene sal de roca, puede poner una capa en el molde y luego acomodar las ostras para que no se viren. Coloque una cucharada de la mezcla de espinacas en cada ostra. Luego ponga un poco de las migajas encima. Hornee en "High" de 3 a 5 minutos. Sirva caliente. Adorne con perejil. Puede añadir un poco de queso parmesano si así lo desea.

FILETES DE PESCADO EN SALSA VERDE

INGREDIENTES:

1 lb. filete de pescado (lenguado o merluza)
1 cdta. de sal
1/2 taza de mantequilla
1/2 taza de perejil picado
1 cda. jugo de limón
1/2 taza de migajas de pan amantequillado
   (Mezclar 1/4 taza de migajas de pan con 1 cdta. mantequilla derretida)
1/2 cdta. Paprika
1 cda. ajo molido (opcional)

PROCEDIMIENTO:

En un molde 12" x 8" x 2" (u otro que tenga disponible donde pueda acomodar los filetes), acomode los filetes con la parte más gruesa hacia afuera. Sazone con la sal y pimienta. Aparte ponga la mantequilla en un molde tipo cacerola, en su microondas hasta que se derrita, "High" 1 ó 2 minutos. Agregue el perejil y el jugo de limón y ajo. Vierta esta mezcla sobre los filetes. Póngale encima la mezcla de migajas amantequilladas y un poco de paprika. Hornee en temperatura "High" de 5 a 7 minutos. Rinde para 7 personas.

NOTA: Esta receta se puede hacer untándole a los filetes, mezcla de perejil de la receta "Pollo al Perejil".

Les recomienda que cuando preparen el "Pollo Asado al Perejil" hagan el doble de la mezcla de perejil, ya que es muy útil en la cocina. Se puede usar para condimentar pescado, mariscos, ternera y cordero. Esta mezcla se conserva refrigerada hasta por 1 mes.

CACEROLA DE ATUN

INGREDIENTES:

1 lata de sopa de crema de celery (concentrada 10 1/2 oz.)
1 lata de hongos en pedazos (7 u 8 oz.)
1 cdta. cebolla seca ("Instant Minced Onion")
1 cda. perejil picado
1 taza de leche
1 cda. de jugo de limón
1 paq. de 5 oz. "Potatoes Chips" (3 tazas molidas)
2 latas de atún (7 oz. c/u) sin líquido y desmenuzado

PROCEDIMIENTO:

Mezcle la sopa, los hongos en su líquido, perejil, cebola, leche y jugo de limón. En un molde de microondas de 2 cuartillos, el cual ha engrasado, haga una capa con una taza de las papas molidas ("Potatoes Chips"), luego coloque otra tapa de atún (Tuna Fish) y otra de la mezcla de sopa. Repita otra capa de cada uno y termine con una capa de papas. Hornee de 13 a 15 minutos en "High". Se puede cocinar por temperatura a 150F grados. Rinde para 8 personas.

NOTA: Triture las papas en su propia bolsa con un rodillo de amasar.

CAMARONES SCAMPI

INGREDIENTES:

1 lb. camarones grandes frescos
1/2 taza de mantequilla
2 cdas. jugo de limón
2 cdas. perejil fresco, picadito
1 ó 2 dientes de ajos machacados
1/2 cucharadita de sal

PROCEDIMIENTO:

En agua de la pluma quite el cascarón y la venita a los camarones. En un recipiente llano ponga la mantequilla, jugo de limón, perejil, ajo y sal. Caliente, tapado, en el horno 2 minutos en "High". Añada los camarones y mezcle bien. Cocine 3 a 4 minutos, hasta que los camarones estén rosados, pero firmes (tampoco duros). No los cocine más de 6 minutos. Deje reposar tapados, 5 minutos. Sirve para 4 raciones.

PESCADO CON MOJO ISLEÑO

INGREDIENTES: para la salsa

1/2 taza de aceite de oliva
1/2 lb. cebolla, cortada en ruedas
1 frasco alcaparrado 4 oz.
1 lata 4 oz. pimientos en tiritas finitas
2 latas 8 oz. salsa tomate
1 oz. de vinagre (2 cdas.)
2 cdtas. sal
2 hojas de laurel
1/4 taza de agua

PROCEDIMIENTO: para la salsa

Ponga todos los ingredientes en un recipiente de aproximadamente 2 cuartillos que pueda llevar a su microondas y hornee en "High" por 15 minutos. Retire de su microondas y luego deje reposar tapado para luego empezar a preparar el pescado.

INGREDIENTES: para el pescado

4 lbs. ruedas de pescado, de aprox. 1" de ancho
1 cda. sal
1 grano ajo grande
pimienta a gusto

PROCEDIMIENTO:

Machacar con la sal, el grano de ajo y la pimienta a gusto, y combinar con aprox. 1/2 taza de aceite de oliva. Lavar bien las ruedas de pescado y secarlas con papel toalla. Poner en un recipiente y echarle por encima el aceite que hemos preparado con el ajo y la sal. Saturarlos bien por todos lados. Luego tenemos 2 formas de hacerlas.

Si tienen el "Browning Dish", vamos a pre-calentar por 8 minutos en "High". Cuando esté ya caliente, cogemos las ruedas de pescado y las ponemos en el "Browning Dish" para que se doren. Repetir la operación hasta que doren todas las ruedas de pescado. Luego poner en microondas por alrededor de 1 a 2 minutos en "High" por rueda.

Luego que hayamos terminado este procedimiento, vamos a servir el pescado y la salsa a un lado. Si no tienen "Browning Dish" vamos a acomodar todas las ruedas de pescado en un molde y calculamos alrededor de 20 a 25 minutos en "High". Luego que haya pasado este tiempo, vaciar la salsa que habíamos preparado, el mojo isleño, encima del pescado y servir bien caliente.

Probablemente para esta receta tengan que usar 2 o 3 moldes que puedan ir al microondas, para que puedan quedar las rebanadas una al lado de la otra, pero **no una encima de la otra.** Si es necesario, use tres moldes y los hornea uno a uno. Entonces tiene que contar aproximadamente cuantas libras de pescado hace cada molde para poder dar tiempo. Recuerde que el tiempo necesario es de 4 a 6 minutos por libra.

NOTA: Puede dorar el pescado en un sartén y luego proceder con el resto de la receta en su microondas.

PESCADO ENTERO EN SALSA

INGREDIENTES:

1 pescado de aprox. 2 lbs. (puede ser mero, capitán o chillo)
1 limón verde, fresco, grande
1/2 cdta. sal
1/2 cdta. de pimienta en polvo
2 cebollas medianas, cortadas en ruedas
1 hoja laurel
1/2 frasco alcaparrado, aprox. 1 1/2 onza
1/4 taza aceite oliva
1 diente ajo machacado, grande
1 lata tomates al natural, de aprox. 8 oz.
1 pimiento morrón

PROCEDIMIENTO:

Coloque el pescado en un molde que pueda ir al microondas, trate de hacerlo en el molde donde va a servirlo en su mesa. Exprímale por dentro y por fuera el jugo de limón, y sazone con sal y pimienta. Coloque el resto de los ingredientes sobre el pescado y vamos a ponerlo de 10 a 15 minutos en "High", hasta que veamos que podemos descamarlo fácilmente. Sacarlo del microondas y dejarlo reposar por 5 minutos.

Cuando hacemos el pescado entero en microondas, las cavidades dentro del ojo tienden a ponerse blancas. Ahí podemos decorar el ojo del pescado con una rebanada de aceituna rellena, si lo desea.

FILETES DE PESCADO GRATINADOS

INGREDIENTES:

1 1/2 lb. filetes pescado, puede ser mero, capitán o chillo, o el que usted prefiera
Adobo para los filetes de pescado:
  Moler juntos, 1/2 cebolla pequeñita, 1 grano ajo, pimienta a gusto, 1 cdta. de jugo de limón y 1 cdta. de sal. Con ese adobo vamos a adobar los filetes de pescado.

OTROS INGREDIENTES:

2 tomates maduros
2 cdas. mantequilla
2 cdas. harina trigo
Sal a gusto
1 taza leche
1 taza queso cheddar rallado

OTROS INGREDIENTES:

Polvo de galletas suficiente para cubrir el molde donde vamos a pner el pescado y queso parmesano rallado, a gusto.

PROCEDIMIENTO:

Lave y seque bien con papel toalla los filetes de pescado. Trate de extraer la mayor humedad posible de los filetes de pescado. Mezcle todos los ingredientes para el adobo y colóquelos sobre los filetes. Luego lave los tomates y córtelos en ruedas finitas. Colocar las ruedas de tomate en el fondo del molde y encima vamos a colocar los jfiletes de pescado ya adobados.

Luego, preparar la salsa en la siguiente forma:

Derrita las dos cucharadas de mantequilla en el microondas por aprox. 30 segundos en "High". Cuando la mantequilla esté derretida añada la harina de trigo y mezcle bien. Luego proceda a echar la sal y la leche y mezcle bien. Vuelva a llevar a su microondas de 2 a 3 minutos en "High". Hasta que tenga una salsa mediana. Cuando ya la salsa blanca esté lista, añadir la taza de queso cheddar rallado, y mezclar bien. Si el queso no se le derrite bien, poner en el microondas por 30 segundos a 1 minuto en "High". Luego vuelva a mezclar bien, hasta que se mezcle bien la salsa. Luego riegue esa salsa de queso sobre los filetes de pescado. Espolvoree con un poco de polvo de galletas, y vamos a ponerlo en nuestro microondas, destapado, en "High" de 6 a 10 minutos. Déjelo reposar pero sírvalo bien caliente. Rinde para 4 personas.

COCQUILLES
DE CAMARONES Y PESCADO

INGREDIENTES:

1 lb. camarones pequeños, limpios
1 lb. filete de pescado
1 cebolla mediana, picada
2 cdas. mantequilla
1 lata de hongos rebanados, de 8 oz.
2 cdas. perejil picado
Sal y pimienta a gusto

INGREDIENTES: de salsa blanca y queso

4 cdas. mantequilla o margarina
4 cdas. harina de trigo
2 tazas de leche
2 tazas queso suizo, rallado
Sal y pimienta a gusto

PROCEDIMIENTO:

Corte los filetes de pescado en pedazos pequeños. Combine en un molde que pueda ir a su microondas, de aprox. 2 cuartillos, la mantequilla, la cebolla picada y el perejil y póngalo en su microondas de 2 a 3 minutos en "High". Agregue el pescado y los camarones bien escurridos. Mezcle todo bien y ponga en "High" por aprox. 7 a 12 minutos.

PROCEDIMIENTO: para la salsa de queso

Derrita las cuatro cucharadas de mantequilla por 1 minuto en "High". Agregue mezclando bien las 4 cucharadas de harina, luego la leche y siga mezclando bien. Ponga en su microondas en "High" destapado por 6 a 8 minutos. Debe mover la salsa a mitad de tiempo. Debe obtener una salsa mediana. Añadir las 2 tazas de queso suizo y mezcle bien hasta que se derrita el queso. Agregue sal y pimienta a gusto. Mezcle la salsa con el pescado y los camarones cocinados previamente. Rellene las conchas de almeja con esta mezcla. Ponga encima galletas amantequilladas, y opcional si lo desea rocee con un poco de queso parmesano. Ponga en su microondas por cada 6 almejas, aproximadamente 2 minutos en "High". Sirva caliente.

NOTA: Para hacer galletas amantequilladas use una taza de galletas o pan molido, mezclado con dos cucharadas de mantequilla derretida.

NOTA: Si no tiene las conchas de almejas puede colocar la mezcla en una fuente o plato que pueda ir a su microondas, y luego servirlo en porciones individuales.

PESCADO EN ESCABECHE

INGREDIENTES: para la salsa

2 tazas aceite de oliva
1 taza de vinagre
de 10 a 12 granos de pimienta entera
1/2 cucharadita de sal o a gusto
2 hojas de laurel
1 1/2 cebolla, cortada en ruedas

PROCEDIMIENTO: para la sala

Combine todos los ingredientes en un accesorio que pueda ir al microondas, aproximadamente de dos cuartillos, y póngalo tapado en "High", por alrededor de 5 a 10 minutos. Saque el microondas y ponga a reposar a un lado para preparar el pescado.

INGREDIENTES:

3 lbs. de pescado, cortado en ruedas de aprox. 1 pulgada
1 limón grande, fresco
2 cucharaditas de sal
1/4 taza de harina de trigo
1 taza aceite de oliva
2 granos de ajo, grandes, machachado

PROCEDIMIENTO:

Hay dos formas de hacer el pescado en escabeche en su horno de microondas:

1. Usando un "Browning Dish" (plato de dorar), adobar el pescado con sal y limón, luego pasarlos levemente por la harina de trigo. Pre-calentar el "Browning Dish" por 8 minutos. Cuando lo tengamos pre-calentado, vertimos de la taza de aceite de oliva para que cubra el fondo del "Browning Dish" y ahí vamos a poner las ruedas por un lado presionándolas con una espátula, luego las volteamos y las doramos por el otro lado. Después de tenerlas doradas vamos a darle el tiempo para acabarlas de cocinar bien, aproximadamente de 10 a 12 minutos). Al terminar de cocinar las ruedas de pescado, vamos a colocar estas en el molde donde se van a guardar en la nevera. La salsa y el pescado deben estar fríos para unirlos y guardarlos. El molde debemos taparlo y guardarlo por lo menos un día para que las ruedas de pescado absorban bien el gusto de la sala.

2. Otra forma de hacer el escabeche si no tenemos un "Browning Dish" es:
Usar un molde que acomode 3 libras de pescado cortado en ruedas. Colocarlo en un molde rectangular donde podamos colocar la mayor cantidad de ruedas, sin poner una sobre otra. Luego vamos a coger los dos granos de ajo machacados y se lo ponemos por encima y le rociamos un poco de aceite de oliva. Llevar a su microondas, destapado, por aproximadamente 12 a 15 minutos en "High". Si tenemos que dividir las 3 libras en dos moldes, dividamos el tiempo también. Luego lo retiramos del microondas y lo dejamos enfriar, cuando la salsa esté completamente fría echarla en el molde donde hemos cocinado el pescado y lo refrigeramos por 24 horas para que absorba todo el gusto de la sala. Servirlo frío.

NOTA: Se puede preparar la salsa en el microondas y el pescado freirlo en el sartén.

FILETE DE PESCADO CON MAYONESA Y MOSTAZA

INGREDIENTES:

1 lb. filete de pescado
2 cdas. mayonesa
2 cdas. mostaza
1 cda. corteza de limón, rallada
Ruedas de limón para decorar
Perejil fresco picado
Sal (opcional)

PROCEDIMIENTO:

Poner en fuente que pueda ir al microondas los filetes de pescado. Combine la mayonesa, mostaza y limón rayado. Distribuya esta mezcla encima de los filetes. Cocine en "High" 5 a 8 minutos, destapado (la mezcla de mayonesa y mostaza actúa como una tapa para los filetes). Decore con ruedas de limón y perejil picado. Rinde para 4 personas.

NOTA: Al rallar corteza de limón tenga cuidado de no llegar a la parte blanca, esta parte dá un sabor amargo a la comida.

TIBURON CRIOLLO

INGREDIENTES:

1 tiburón (cazón) de aprox. 2 a 3 lbs.
1 limón
2 cebollas picadas en rebanadas medianas
1 hoja de laurel
2 cdas. alcaparrado
2 cdas. aceite de oliva
2 dientes de ajo, picaditos
1 lata de salsa de tomate de 8 oz.
1 pimiento verde picado Julienne (en tiritas)
Sal y pimienta a gusto

PROCEDIMIENTO:

Lave bien el tiburón y proceda a hacer un corte longitudinal desde la cabeza hasta la cola en la piel (tener cuidado no abrir mucho la carne), y luego otro transversal en el centro. Con una cuchillita afilada ir despegando la piel de la carne alrededor de 2". Volver a colocar la piel en su sitio.

Adobe el tiburón con la sal, pimienta y limón. Luego póngale por encima el resto de los ingredientes. Selle con papel plástico para microondas y póngalo por 6 minutos en "High". Recupere y quite el papel plástico y vuelva a poner en su microondas por 5 a 8 minutos en "High", hasta que la salsa del tiburón esté espesa y la carne del tiburón blanca y hecha. Rinde para 6 personas. ¡Pruebelo es sabroso!

SALMON GUISADO CON PAPAS

INGREDIENTES:

4 papas medianas para asar
1/2 cebolla, picada en rebanadas
2 cdas. aceite de oliva
2 hojas de laurel
1 cdta. alcaparras
1 sobrecito sazón con achiote
1/4 taza de salsa de tomate
2 latas de 1 lb. salmón con su líquido
6 aceitunas

PROCEDIMIENTO:

Asar las papas medianas en nuestro microondas en "High por aproximadamente 12 minutos. Ponerlas a reposar envueltas en papel de aluminio por aproximadamente 5 a 10 minutos. En un molde que pueda ir a su microondas de aproximadamente 2 cuartillos, poner las cebollas en rebanadas con las 2 cdas. de aceite por alrededor de 3 a 5 minutos, hasta que estén bien amortiguadas. Agregar luego todos los demás ingredientes, excepto las papas y volver a poner en el microondas, tapado, por alrededor de 5 minutos en "High". Mondar las papas que ya tenemos asadas y cortadas en rebanadas. Agregar al accesorio donde tenemos el salmón y a moverlo con cuidado de que no se nos rompan las papas. Volver a poner en nuestro microondas, destapado, por alrededor de 3 minutos en "High". Rinde para 8 personas.

ATUN AL HORNO

INGREDIENTES:

5 rebanadas pan emparedado - "pan sandwich"
1 lata 7 oz. de atún - "Tuna Fish"
1/2 taza de queso parmesano, rallado
1 taza de leche
1 cdta. sal
3 huevos

PROCEDIMIENTO:

Quite la corteza de pan, y desmenúzelo. En un molde apropiado para microondas, preferible de cristal, engráselo y coloque la mitad del pan desmenuzado. Encima del pan desmenuzado colocar el atún, incluyendo el aceite que viene en el atún. Luego poner una capa de queso rallado, y luego poner otra capa encima con el resto del pan desmenuzado. Mezclar bien, a leche, sal y los huevos, y esta mezcla la vamoa a echar sobre el contenido del molde. Poner en "High" por aproximadamente 10 a 15 minutos. Debe de ser horneado destapado. Rinde para 4 personas.

BUDIN DE ATUN

INGREDIENTES:

1 lata de atún ("Tuna Fish") de 7 oz.
1 taza de leche
8 galletas de soda
4 cdas. mantequilla
2 cdtas. azúcar
1/4 cdta. polvo nuez moscada (Nutmeg)
1/2 cdta. sal
4 huevos

PROCEDIMIENTO:

Ponga las galletas en la taza de leche, desmenuzando para que absorba toda la leche. Aparte desmenuze el atún en el mismo aceite. Cuando las galletas hayan absorbido la leche, mezcle con el atún desmenuzado. Batir aparte los huevos con la sal y demas ingrediente, añadir a la mezcla del atún y las galletas envolviéndolos bien. En un molde engrasado previamente vamos a vertir la mezcla. Poner en su microondas en el nivel de energía "Medium" (50 a 60%) alrededor de 8 a 12 minutos. Rinde para 6 personas.

BACALAO A LA VIZCAINA

INGREDIENTES:

1 lb. filete de bacalao
1 lb. papas cortadas en rebanadas bien finas
2 cebollas medianas, cortadas en rebanadas bien finas
1/2 taza de aceite de oliva
1/2 taza de sala de tomate
2 pimientos morrones enlatados, en pedazos
1/4 taza de aceitunas
1 cdta. alcaparras
1/2 taza de pasas sin semilla
2 dientes medianos de ajo picaditos
1 hoja de laurel

PROCEDIMIENTO:

Corte la libra de filete de bacalao en pedazos grandes y póngalos en un molde cubierto de agua. Ponga en su microondas por 10 minutos en "High". Luego saque el bacalao y déjele correr agua del fregadero. Después que el agua esté saliendo limpia, vamos a probar si el bacalao tiene exceso de sal, repita el procedimiento de ponerlo en agua caliente de nuevo. En un molde que pueda ir al microondas, poner una camada de papas, una de bacalao, una de cebolla y luego encima le vamos a añadir el resto de los ingrediente. Tapar el molde con papel apropiado para microondas o con su tapa. Poner 10 minutos en "High" tapado. Luego quitar la tapa y seguir horneando de 5 a 10 minutos en "High". Pruebe las papas, y si ya están blandas retirar el molde y dejar reposar por 5 min. Rinde para 6 personas.

NOTA: Si desea más rapidez hornee las papas y luego rebánelas y ponga el resto de las camadas y hornee por 8 a 10 minutos.

CAMADAS DE BACALAO

INGREDIENTES:

1 1/2 lb. filete de bacalao
3 ó 4 tomates maduros, sin piel y picados pequeños
1 latita de pimientos morrones, picaditos
1/2 taza aceite cocinar
10 aceitunas rellenas, picadas en ruedas
1 taza de queso parmesano rallado
Polvo de galletas
2 huevos batidos

PROCEDIMIENTO:

Para desalar el bacalao, lo ponemos en un accesorio donde lo podemos cubrir con agua y lo ponemos en el microondas por 5 a 8 minutos en "High". luego descartamos el agua y volvemos a repetir el procedimiento. En otro accesorio mezclamos los tomates, aceite, pimientos morrones, y las aceitunas y lo ponemos en "High" por 3 a 5 minutos destapados. En un molde que pueda ir a su microondas, ponemos una camada de sofrito, otra del bacalao desmenuzado y otra de queso rallado, Continúe poniendo camadas en este orden hasta terminar con los ingredientes. Luego cubra con polvo de galletas y vierta los huevos batidos sobre las camadas. Hornee por 5 a 8 minutos, destapado. Rinde para 8 personas. ¡Delicioso!

FILETE DE PESCADO

INGREDIENTES:

Para usar con cualquier salsa apropiada para pescado.
1 lb. de filete pescado (mero, capitán, chillo, etc.)
3 cdas. mantequilla

PROCEDIMIENTO:

Derrita la mantequilla en "High", por 30 segundos. Cubra los filetes con la mantequilla derretida. Acomode en un molde recordando que las partes más gruesas van hacia la orilla del molde. Cubra con papel plástico para microondas y cocine en "High" de 5 a 7 minutos. Deje reposar por 2 minutos mientras prepara la salsa.

SALSAS PARA PESCADOS

SALSA DE ALCAPARRAS

INGREDIENTES:

1/4 taza de mantequilla
1/4 taza perejil picado
2 cdas. alcaparras (machacadas)
1 cdta. jugo de limón
1/2 cdta. sal
Pimienta a gusto

PROCEDIMIENTO:

Mezcle todos los ingredientes y hornee en "High" de 1 a 1 1/2 minutos. Drene los líquidos del pescado y sirva con la salsa encima.

SALSA DE MANTEQUILLA Y LIMON

INGREDIENTES:

Combine 2 cucharaditas de jugo de limón
1 cucharadita de cáscara de limón rallada (al rallar limón cuide de no rallar la parte blanca pues le dará un sabor amargo al plato que esté cocinando).
1/4 taza de mantequilla o margarina
unas gotitas de salsa Tabasco

PROCEDIMIENTO:

Mezcle bien y ponga en su microondas en "High" por 1 a 1 1/2 minuto. Ponga sobre los filetes de pescado, y sirva.

SALSA DE VINO Y AJO

INGREDIENTES:

1/2 barra de mantequilla o margarina
2 cdas. de vino blanco seco
1 diente de ajo machacado
1 1/2 cdta. sal
una pizca de pimienta blanca.

PROCEDIMIENTO:

Hornee en "High" por 1 1/2 minutos. Sirva sobre filete de pescado.

TOCINETA Y CEBOLLINES

INGREDIENTES:

2 rebanadas cocinadas de tocineta (desmenuzada)
1 1/2 cdas. cebollín verde (picadito)
1 tomate picadito
1/4 taza de mantequilla
1 cda. jugo de limón
1/2 cdta. sal
una pizca de pimienta

PROCEDIMIENTO:

Hornee en "High" por 2 minutos. Sirva sobre los filetes de pescado.

CARNES

Carnes

A. Use el plato de dorar "Browning Dish", para cocinar carnes pequeñas, que no sean muy gruesas, para que doren mejor. Cortes de carne grandes que tarden más de 20 - 25 minutos en cocinarse, dorarán por sí solas.
B. Mientras más tierna es la carne, más rápido se cocina.
C. Cortes de carne menos tiernos, tales como la carne de guisar, lechón de mechar, etc., necesitan cocinarse mayor tiempo a temperatura baja (Medium Low-Low) para que ablanden. Quedan bien blanditas y los sabores de las especies que usamos se intensifican en el microondas. Si acostumbran ablandar estos cortes en la olla de presión, seguirá siendo más rápido que en el microondas. la ventaja de cocinarlos en microondas es que no hay que vigilar la olla de presión. El horno apaga automáticamente al completar el tiempo seleccionado.
D. Tendremos, mayor rendimiento ya que las carnes hechas en microondas encogen menos debido a la rapidez con que se cocinan.
E. Para guisar la carne debe cortarla en pedazos más o menos del mismo tamaño para que se cocine más uniformemente, y preferible es que se le ponga ablandador de carne unas horas antes de cocinar. Si usa ablandador de carnes no use sal en la receta.
F. Sazone la carne preferiblemente con pimienta, especies, salsa de soya, ajo, etc. Añada sal a gusto cuando vaya a servirla. Así quedará más tierna. Para cortes de carne pequeños, puede usar mantequilla, salsa de dorar, pimentón, achiote o **Micro Shake** para dar un mejor color.
G. No cocine carnes de más de 4-5 libras en "High" todo el tiempo. La carne de res asada, por ejemplo, el "roast beef" se debe cocinar en "Medium".
H. La carne molida en el horno de microondas cocina bien. Una libra tarda de 6 a 8 minutos en "High". Si la carne molida la quiere hacer con termometro de temperatura estará lista a los 170°F grados.
I. Puede cocinar la carne de cerdo en "High" parte del tiempo, para que derrita y así elimine el exceso de grasa que tiene.

J. Consulte la tabla que trae su libro para cocinar los distintos cortes de carnes. La de res tarda como 7-8 minutos para que quede "Medium" - un poco más para "Well Done", un poco menos para 'Rare".

K. La carne de cerdo tarda 10 minutos por libra cuando se cocina en "High", 11-12 minutos por libra si la cocina en "Medium". Por temperatura esta lista a 170F.

L. Separe la carne de sus jugos, colocándola en un plato para asar "Roast Dish" o trivet, o levantado sobre algo que lo separe un poco de los jugos y grasa. Saque periódicamente el jugo o la grasa que se haya acumulado, pues éstos también absorben microondas y retrasarán el tiempo que tarda la carne en cocinarse.

M. Deje reposar las carnes grandes de 15-20 minutos, tapadas con papel de aluminio. Durante este tiempo la temperatura interna sube 5-15 grados, igualando las temperaturas y terminando de cocinar el centro por conducción del calor.

N. Para cocinar carnes por Sensor Automático o "Auto Roast":

   1. Cocine los "roast"

Sensor Automático	**Auto Roast**
Rare - A-4 -4 -5 min. por lb.	Code 2
Medium - A-3 -5 -6 min. por lb.	Code 3
Well - A-2 -7 -8 min. por lb.	Code 4

   La carne debe estar bien tapada con papel plástico, en Sensor Automático. Cuando aparezca el tiempo en el panel, voltee la carne de boca arriba a boca abajo, y vuelva a cubrir con el papel. No sazone con mucha sal. Recuerde que no se puede abrir la puerta de su horno mientras aparece la palabra "Auto". Si su horno tiene Auto Roast, como por ejemplo, General Electric y J.C. Penney, no hay que tapar el alimento.

   2. Para carnes menos tiernas, añada una taza de líquido por libra de carne que va a cocinar. Cocine en A-2, o "Auto Cook" 2, tarda aproximadamente 30 minutos por libra.

   3. Para carne de cerdo:
   Perniles -A-2 - 13-15 minutos por libra - Code 5
   Jamón Planchado (de lata) -A-2 - 7 minutos por libra - Code 5

Pernil Ahumado (Jamón) -A-3 - 4 1/2 minutos por libra - Code 4
Chuletas -A-8 - 8-9 minutos por libra - Code 5
8. Cordero:
Medium -A-3 - por 7-8 minutos por libra - Code 6
Well -A-2 - por 10-11 minutos por libra - Code 7
Chuletas -A-8 por 9-10 minutos por libra - Code 5

NOTA: COCINE SUS CARNES UN POQUITO MENOS DE LO ACOSTUMBRADO - RECUERDE QUE SE SIGUEN COCINANDO FUERA DEL HORNO CON EL CALOR QUE YA TIENEN MIENTRAS REPOSAN.

RECETAS

ROAST BEEF

Sazone a gusto, usando ajo, aceite, vinagre o limón, pimienta y poca sal. Cocine todo el tiempo en "Medium", invirtiéndolo de boca arriba a boca abajo, a la mitad del tiempo. Si la carne es pequeña, puede untarle un poquito de Kitchen Bouquet para obtener un color más dorado. Si la carne es grande, esto no será necesario, pues dora sola. Deje reposar 15 minutos tapado con papel de aluminio, antes de cortar la carne.

PERNIL AL HORNO

Adobe el pernil con mucho ajo molido, poca sal, adobo, pimienta, orégano, etc. o utilice su receta. Separe el cuero y la grasa para poder adobarlo mejor. Déjelo adobado de un día para otro para que coja mejor el sabor. Cocine en "High" perniles de hasta 5 libras (10 min. por libra). Cocine en "Medium High" perniles de 6-8 libras. (10 minutos por libra). Sobre 8 libras, puede hacer la siguiente combinación: Los primeros 15 minutos en "High" y el resto del tiempo en "Medium". (11-12 minutos por lb.) Sobre 5 libras lo puede hacer usando el termometro a 170ºF. Cuidado al insertar el termomentro no toque el hueso o cumulos de grasa.

Saque la grasa periódicamente, según se vaya acumulando en el recipiente. Invierta (volteé) el pernil a la mitad del tiempo, pues la carne de cerdo debe cocinarse bien uniformemente.

Perniles de más de 4 lbs. dorarán bonitos sin ayuda de trucos o salsas, porque tardan bastante tiempo y tienen un alto contenido de grasa. Cuando esté listo, póngalo a reposar tapado con papel de aluminio por 20 minutos antes de servirlo. Durante este tiempo se sigue cocinando. Si el cuerito no está tan tostado como usted prefiere, puede quitárselo. Puede tostarlo 2-3 minutos más en "High". Deje reposar un poco antes de partirlo. Quedará como chicharrón. La carne de cerdo queda jugosa y con poca grasa, pues las microondas derriten casi toda la grasa.

CARNE ASADA (Cortes Blandos)

"Roast Beef" o Filete Asado ("Tenderloin")

Estos cortes de carne como son blandos, son los ideales para hacerse enteros asados.

TABLA

	Nivel Energía	Por Tiempo por/libra	Temp. Usando El Micro.	Cocción
Roast Beef ó	Medium	7 a 10 minutos	120 F	Rare (poco cocinado)
Tenderloin	Medium	8 a 12 minutos	125 F	Med. Rare (term. medio)
	Medium	9 a 13 minutos	135 F	Medium
	Medium	11 a 14 minutos	145 F	Well Done (bien cocida)

*La carne terminará de cocinarse en el período de reposo (Stand in time). Cubra el pedazo de carne asado con papel de aluminio por encima, permitiendo ventilación. El reposo debe ser de 10 a 20 minutos, dependiendo de las libras que esté cocinando.

RECUERDE, la carne aumentará su temperatura en el tiempo de reposo de **5-15** grados.

NOTA: "Steak" o Filetes: Voltear carne a mitad de tiempo.

"Steaks" o Filetes

Núm. de Steaks	Rare Minutos	Medium Rare	Medium	Well Done
1 de 1" espesor	2 1/2 a 3 1/2 min.	3 a 5 min.	4 a 5 min.	5 a 7 min.
2 de 1 1/2" espesor	3 a 4 min.	4 1/2 a 6 min.	5 a 7 min.	7 a 9 min.

*Estos tiempos son usando un "Browning Dish".

Otra forma de hacer "steak"

Ponga el filete o "steak" en cualquier plato que pueda ir a su microondas. Use Micro Shake Meat o Kitchen Bouquet con mantequilla para dar color a la carne - proceda con los minutos, según la tabla.

Consejos útiles con los "steaks" o filetes:

Cuando usted esté cocinando en su barbecue o barbacoa, haga unos cuantos "steaks" de más. Déjelos más crudos de lo que a usted le gusta la carne, congélelos y cuando tenga deseos de comer carne a la barbacoa, sáquelos y llévelos a su microondas en "Defrost" (descongelación), por aproximadamente 5 a 7 minutos en Nivel de Energía "Medium" para carne Rare - de 6-8 minutos para carne medio cocida (medium) y de 7-9 minutos para carne Well Done (bien cocida. Voltee el "steak" a mitad de tiempo. Deje reposar unos minutos y sirva.

CARNES (Cortes duros)

A las carnes duras se les debe añadir líquido. Por ejemplo: Un asado de 4 a 5 lbs., añadir 1 taza líquido. Hornee, tapado, en nivel de energía "Medium" o 60% por 19 a 30 minutos.

BIFTEC ENCEBOLLADO

PROCEDIMIENTO:

Adobe 1 libra de biftec, según usted acostumbra. Ponga en un recipiente con tapa, acomode encima de los biftecs, las cebollas y el líquido con que adobó. Ponga en su microondas por 6 a 9 minutos, en "High". Obtendrá un biftec bien criollo.

HIGADO A LA ITALIANA

INGREDIENTES:

1 lb. de hígado de res
1 cdta. de Kitchen Bouquet, o salsa soya
2 cdas. aceite
1 cebolla rebanada mediana
1 pimiento verde picado en tiritas (tipo Julienne)
2 dientes de ajo bien picaditos
Jugo de limón, sal y pimienta a gusto

PROCEDIMIENTO:

Corte el hígado en tiritas. Sofría el ajo y la cebolla en el aceite de 3 a 5 minutos, en "High", tapados. Añada el resto de los ingredientes y cocine destapado por 7 a 10 minutos, en nivel de energía "Medium" o 60%. Deje reposar de 3 a 5 minutos.

CARNE GUISADA

INGREDIENTES:

2 lbs. carne de guisar
3 cdas. sofrito
3 cdas. aceite
1 lata de salsa de tomate de 8 oz.
1 cubito de res
1 sobrecito de sazón con achiote
1/4 taza de agua
3 cdas. de alcaparrado

PROCEDIMIENTO:

Mezcle todos los ingredientes y ponga en su microondas en "High", por 6 a 10 minutos, hasta que hierva. Luego baje el nivel de energía a "Medium Low" por aproximadamente 20 a 25 minutos, o hasta que ablande la carne. Mueva dos o tres veces mientras se cocina. Deje reposar tapado.

NOTAS SOBRE CARNE GUISADA

1. Si desea añadir papas, hágalo a mitad de tiempo y recuerde que tardará más tiempo en estar lista la carne.
2. Si tiene prisa puede ponerle ablandador de carne, dos o tres horas antes y omitir la sal y el cubito de res. La carne estará lista en 20 minutos.
3. Para un pláto más nutritivo, agregar vegetales en vez de papas. Deliciosa con habichuelas tiernas.
4. Si usa un corte de carne blando (ej. lomillo) la carne estará lista de 20 a 25 minutos.

CARNE MECHADA

INGREDIENTES:

3 lbs. de carne de mechar (Lechón de mechar)
Relleno para la carne de mechar, a su gusto
3 cdas. de aceite
4 cdas. de sofrito
1 lata de salsa de tomate de 8 oz.
1/2 taza de agua
6 papas medianas

PROCEDIMIENTO:

Rellene el lechón de mechar como usted acostumbra. Ponga la carne con el aceite, y destapado cocine por 5 a 8 minutos en "High". Voltee la carne 2 veces. Añada el resto de los ingredientes, excepto las papas, y cocine tapado 10 a 15 minutos en "High", o hasta que empiece a hervir. Deje la carne tapada y ponga su horno en "Medium" 50% o 60% por aproximadamente 18 a 15 minutos. Saue la carne córtela en ruedas y vuelva a poner en las salsa con las papas. Ponga en "Medium" otros 15 a 25 minutos o hasta que ablande. Si la salsa no ha espesado, ponga destapado en "High" por 3 a 6 minutos.

NOTA: Para carne más blanda, use "Meat Tenderizer", ablandador de carnes, la noche anterior. Omita la sal en la receta.

ARO DE "MEAT LOAF"

INGREDIENTES:

2 lbs. de carne de res molida
1 sobre sopa de cebolla instantáneo
1 cda. salsa Worcestershire (salsa inglesa)
2 huevos grandes
1/4 taza leche
6 lonjas de tocineta, semi-cocidas (Aprox. 2 min. en "High")
1/4 taza galletas en polvo
2 cda. jugo de limón
3 cdas. salsa de tomate
Sal y pimienta a gusto
Queso suizo en lascas

PROCEDIMIENTO:

Mezcle todos los ingredientes, excepto el queso y las tocinetas. En un molde redondo, acomode la carne en forma circular, usando un molde de flan o vaso en el centro. Ahueque la carne toda alrededor con las manos, dejando un espacio para poner el queso. Vuelva a dar forma a la carne. Quite el vaso y ponga lascas de tocinetas alrededor del aro de carne. Hornee en "High" por 10 minutos destapado, hasta que la tocineta esté bien tostada, y al pinchar el rollo los jugos salgan claros. Deje reposar por 10 minutos tapado con papel de aluminio. Decore el "Meat Loaf" con vegetales en el centro, o un pimiento decorado con el gravy.

GRAVY - Escurra los jugos del "Meat Loaf" en una ollita. Degrase los jugos. Mézclelos con 2 cdas. de harina de trigo y mezcle bien. Añada una taza de caldo de res caliente. Ponga el horno en "High" por dos minutos, mueva el gravy y ponga dos minutos hasta que espese. Sirva el rollo de carne acompañado de esta salsa.

Si el gravy no tiene un color dorado bonito, añádale unas gotitas de Kitchen Bouquet para mejorarlo.

¡OJO! Ahueque un pimiento morrón rojo o verde, saque las semillas y coloquelo en el centro del "Meat Loaf", sirva en el la salsa gravy. Se vera muy bonito.

CHULETAS A LA JARDINERA

INGREDIENTES:

4 chuletas de cerdo adobadas
1 lata de salsa de tomate
1 lata 8 oz. de vegetales
Ajo molido a gusto
1 cda. jugo limón

PROCEDIMIENTO:

Dore las chuletas en su "Browning Dish". Precaliente el plato 8 min. en "High" y luego dore las chuletas por ambos lados. Añada el resto de los ingredientes y cocine tapado, de 12-18 minutos en "High".

Puede dorar las chuletas en su sartén y terminar de cocinar en el microondas.

"CORNED BEEF" CON QUESO

INGREDIENTES:

1 lata "Corned Beef"
1 cucharada de sofrito
1 sobrecito de condimento con achiote
1 lata salsa de tomate
1 lata 8 oz. de vegetales mixtos
1 taza queso Cheddar rallado

PROCEDIMIENTO:

Mezcle todos los ingredientes, excepto el queso. Luego de mezclar todo bien, póngalo en una cacerolita que pueda ir al microondas. Colóquele el queso encima. Llevar a su microondas en nivel de energía "Medium" de 5 a 10 minutos. Sirva bien caliente. Rinde para 6 personas.

NOTA: Puede substituir el queso por otro de su preferencia.

"PEPPER STEAK"

INGREDIENTES:

1 lb. de biftec (preferible filete o lomillo), picada en tiritas
1 cda. aceite
1 cebolla mediana, picada en ruedas
2 dientes de ajos picados, bien pequeñitos
2 pimientos verdes picados en tiritas
2 a 3 cdas. salsa soya
Sal y pimiento a gusto

PROCEDIMIENTO:

Combine todos los ingredientes mezclando bien. Tape y cocine por 4 minutos en "High". Destape y mueva y cocine por 3 a 5 minutos adicionales, en "High", esta vez destapado. Rinde para 4 personas.

GUISO DE MAÍZ Y CARNE DE CERDO

INGREDIENTES:

1 lb. carne cerdo
1 lata maíz grande, escurrido
1 mazorca de maíz, congelada, picada en rueditas
1/2 lb. calabaza, picada en cuadritos
3 cdas. sofrito
1 sobre sazón con achiote
1/2 lata salsa tomate
1 cdta. ajo en polvo
Pimienta, sal a gusto

PROCEDIMIENTO:

Mezcle todos los ingredientes, excepto el maíz en grano. Lleve a su microondas, tapado, por 10 a 15 minutos en "High". Añada el maíz en lata y vuelva a poner en su microondas de 4 a 8 minutos en "High, destapado.

NOTA: Si usa mazorcas de maíz fresco, poner las ruedas con la carne y el sofrito.

CHULETAS AHUMADAS

INGREDIENTES:

4 chuletas ahumadas
1 lata repollo agrio (8 oz.) "Sauerkraut"
1/2 taza queso suizo rallado
2 cdas. mostaza
1 cda. Kitchen Bouquet
Pimentón (Paprika) a gusto

PROCEDIMIENTO:

Mezcle la mostaza con el Kitchen Bouquet, unte a las chuletas por ambos lados. Coloque las chuletas en un plato o fuente que pueda ir a microondas y destapadas, cocine por 5 a 6 minutos en "High" (100%) máxima energía. Luego coloque el repollo agrio distribuído encima de cada chuleta, el queso suizo y luego rocee con pimentón. Ponga en su microondas destapado por 4 a 6 minutos, adicionales, en "Medium" (60%) hasta que se derrita el queso. Sirva bien caliente. Rinde para 4 personas.

CANOA DE AMARILLOS

INGREDIENTES:

4 plátanos maduros
1/2 taza queso Cheddar rallado

Picadillo para rellenar canoas

INGREDIENTES:

1 lb. carne molida
2 cdas. sofrito
1 sobrecito sazón con achiote
2 cdas. salsa de tomate
2 cdas. aceitunas picaditas
1 cdta. ajo molido
Sal y pimienta a gusto

PROCEDIMIENTO:

Corte las puntas de los plátanos y dé un corte como para pelarlos. Con cáscara ponga sobre un papel toalla en su microondas por 9 a 12 minutos en "High" (100%) máxima energía. Ponga a reposar mientras prepara el picadillo. Combine todos los ingredientes para el picadillo en un accesorio con tapa y póngalos de 3 a 5 minutos tapados en "High". Destape y mueva bien, vuelva a poner destapado de 4 a 6 minutos en "High". Pele los plátanos y colóquelos en un plato que pueda ir a su microondas. Haga una abertura en la parte de arriba y rellene con el picadillo y luego póngale el queso cheddar encima del picadillo. Vuelva a poner en su microondas por 3 a 6 minutos en "High" o hasta que el queso se derrita.

CANOAS RELLENAS CON SPAGHETTIS CON ALBONDIGAS

PROCEDIMIENTO:

Proceda como en la receta anterior, pero sustituya el picadillo por spaguettis con albóndigas enlatados, (el de su preferencia) "A los niños les encanta..."

STEAK PIZZAIOLA

INGREDIENTES:

12 oz. filete de res o lomillo
2 cdas. aceite de oliva
1/4 taza cebolla picadita
2 dientes de ajo picadito
1/4 cdtas. orégano
2 cdas. perejil fresco picadito
4 aceitunas frescas rebanadas
Pizca de sal y pimienta a gusto

PROCEDIMIENTO:

En un accesorio que pueda ir al microondas, combine el aceite, ajo, cebolla, tomate, orégano, sal y pimienta. Ponga en su microondas tapado por 2 a 5 minutos en "High" (100%) máxima energía. Luego añada el perejil y las aceitunas. Caliente el "Browning Dish" por 8 minutos. Añada su poquito de aceite y dore los filetes por ambos minutos. Añada su poquito de aceite y dore los filetes por ambos lados. Ponga por 4 minutos en High. Sirva con la salsa encima. **Muy sabroso y con muy pocas calorías.** Rinde para 2 personas.

PINCHOS TERIYAKI

INGREDIENTES:

1 lb. de lomillo o filete cortado en cubitos
2 dientes de ajo picaditos
2 cdas. azúcar morena
3 cdas. salsa soya
1 cda. jugo de limón o jerez seco
1 cda. aceite
10 tomates pequeñitos (cherry) o tomate picado en cubos
1 pimiento verde morrón cortado en pedazos

PROCEDIMIENTO:

Combine el azúcar, salsa soya, jugo de limón o jerez, aceite y ajo. Añada la carne para marinarla por lo menos 3 horas antes. Muévala ocasionalmetne. En cuatro pinchos de madera coloque alternando la carne, el pimiento y los tomates. En un molde apropiado para microondas acomode los pinchos y los micro-hornea en "Medium" (60%) de 7 a 9 minutos, (la carne le quedará Medium Rare. Si la desea más cocida, añada 2 ó 3 minutos adicionales. Rinde para 4 personas.

ASADO DE CARNE CON CERVEZA

INGREDIENTES:

4 lbs. carne masa redonda, o punta de cadera
1 taza de cerveza
2 cdas. aceite vegetal
2 dientes de ajo bien picaditos
1/2 cda. de sal
Pimienta a gusto
2 cdas. cubito de carne (bouillon de carne instantáneo) molido
1/4 taza agua fría
2 cdas. harina de trigo

PROCEDIMIENTO:

Perfore la carne por todos lados con un tenedor. Coloque la carne en un envase hondo de cristal y póngale la mezcla de la cerveza, aceite, ajo, sal y pimienta. Refrígerelo cubierto para marinarlo por lo menos 3 horas. Voltéela en dos o tres ocasiones.

Adobe el asado con los cubitos molidos y colóquelo en un molde para asar que quede levantado de sus jugos. Reserve los líquidos donde marinó la carne. Cubra la carne con papel encerado y ponga en su microondas en Medium Low (30%) de energía por 15 minutos. Voltee el asado y si su microondas tiene termómetro, póngalo a 150F. Si no tiene termómetro termínelo de hacer de 25 a 35 minutos en Medium Low. Cubra el asado con papel de aluminio y déjelo reposar por 15 minutos. (El asado se irá cocinando más mientras reposa).

Coloque los jugos que soltó el asado en una taza de medir grande, que pueda ir a su microondas y añada la salsa de marinar que reservó. Añada las dos cadas. de harina y mezcle bien. Póngalo destapado en "High" de 2 a 3 minutos. Sirva el gravy con la carne. Rinde para 10 o 12 personas.

ALBONDIGAS DE CARNE CRIOLLAS

INGREDIENTES:

1 lb. carne molida
3 dientes de ajo molidos
1 cebolla pequeña picadita
1 pimiento verde bien picadito
1 tomate de cocinar bien picadito
Recao, sal, orégano y pimienta molida, (a gusto)
1 cda. de harina de trigo
2 huevos enteros
1/2 taza de tripa de pan humedecida en leche

PROCEDIMIENTO:

Mezcle todos los ingredientes y una bien, hasta formar una masa compacta. Deje reposar tapada por 1/2 hora y luego déle forma redonda a las albóndigas con las manos. Coloque las albóndigas en un plato de asar, separándolas de los jugos que van a soltar y hornee en "High" por 5 a 8 minutos.

SALSA PARA LAS ALBONDIGAS

PROCEDIMIENTO:

Con los jugos que soltaron las albóndigas vamos a añadirle 1 cebolla grande picada en rueditas, 1 lata de salsa de tomate, un pimiento verde picadito y dos o tres dientes de ajo picaditos. Ponga en su microondas de 3 a 5 minutos en "High". Sazone con sal y pimienta a su gusto. Añada las albóndigas a la salsa, mezcle bien y vuelva a poner en su microondas, tapadas, por 5 a 8 minutos en "High". Rinde para 6 personas.

NOTA: Si quiere doblar la receta, recuerde que hay que doblar los minutos.

ROLLO DE JAMON GLACEADO

INGREDIENTES:

1 1/2 lb. jamón molido
1/2 lb. carne de cerdo molida
1 lata 8 oz. piña molida
2 huevos batidos
1 cebolla pequeña picadita
1/2 taza migajas de galleta
1/2 cda. mostaza seca

INGREDIENTES: para el glaceado

2 cdas. azúcar negra
2 cdas. miel
1 cdta. mostaza preparada

PROCEDIMIENTO:

Mezcle todos los ingredientes (menos los del glaceado) y presiónelos en un plato para hacer un rollo de 9" x 5". Hornee en su microondas por 5 minutos, en "High" máxima energía (100%). Cambie su microondas a medium (50%) y continúe horneando por 18 a 20 minutos o hasta que la temperatura interior del rollo haya llegado a 160F. Gire el plato una vez durante este tiempo. Posiblemente sea necesario proteger las puntas o forrar las puntas con papel de aluminio para evitar se sobrecocinen. Cubra con papel de aluminio durante el tiempo de reposo. (20 minutos)

Al hacer glaceado: Mezcle todos los ingredientes del glaceado en una taza de medir. Hornee en su microondas por 45 segundos en "High", máxima energía (100%). Aplique el glaceado sobre el jamón.

JAMON HORNEADO DISTINTO

INGREDIENTES:

2 a 5 lbs. jamón cocido, deshuesado o enlatado

INGREDIENTES: para el glaceado

1 pote 12 oz. conservas de cerezas (cherrys)
1 cda. mostaza
1/2 taza de vino rojo de vinagre

PROCEDIMIENTO:

Haga el glaceado. Mezcle todos los ingredientes del glaceado en un accesorio de 1 cuartillo. Microhornear en máxima energía ("High 100%) de 5 a 7 minutos, hasta que espese un poco. Eleve el jamón en el "Roasting Rack" con el lado de grasa hacia abajo. Cúbra con papel encerado. Hornear en su microondas en Medium (50%) hasta que la temperatura interior llegue a 130%F o microhornear en Medium (50%) 8 a 10 minutos por libra. Vire el jamón a mitad de tiempo y hágale unos cortes en forma de brillante, si así lo desea, y entonces glaceelo. Cuando el jamón se termine de cocinar, sáquelo de su microondas. Cúbralo con papel de aluminio, deje reposar por 20 minutos. Glacearlo otra vez antes de servirlo. Rinde para 4 personas (2 lbs.)

NOTA: Si no tiene el "Roasting Rack" coloque el jamón sobre un plato invertido dentro del molde. Es importane levantar el jamón de sus propios jugos.

PIERNA DE CORDERO ASADA

INGREDIENTES:

1 de 4 a 5 lbs. pierna de cordero

INGREDIENTES: para marinar

1/2 taza de jugo de limón
1/2 taza aceite de oliva
1 cda. Kitchen Bouquet
2 dientes de ajo molidos
1 cda. perejil seco
1/2 cdta. sal
1/2 cdta. pimienta

PROCEDIMIENTO:

Mezcle todos los ingredientes de la marinada en un accesorio de aproximadamente de 8 1/2" x 11". Marine el cordero por 3-4 horas virándolo varias veces, o dejarlo por la noche en la nevera. Coloque la pierna de cordero en el "Roasting Rack", con el lado de grasa hacia abajo y hornear en su microondas, en máxima energía (High 100%) por 5 minutos. Después lleve a su microondas a Medium (50%) y cocine:

    cruda - rare - 8-9 minutos por lb.
    término medio - (Med. rare) 10 minutos por lb.
    bien hecho (well done) 12 minutos por lb.

Vire o voltee la pierna de cordero a mitad de tiempo deseado. Permita reposar cubierta por papel aluminio de 15 a 20 minutos, antes de servir. Rinde para 6 servicios.

NOTA: Si no tiene el "Roasting Rack", plato de asar para microondas, use un platillo invertido en una fuente que pueda ir a su microondas. Lo importante es que la carne no toque los jugos que suelte.

ROLLOS DE REPOLLO DE HUNGRIA

INGREDIENTES:

8 hojas grandes de repollo
1 cebolla picadita mediana
1/2 lb. carne molida
1/2 lb. carne de cerdo molida
1 taza de arroz cocido
1 cdta. sal
1/2 cdta. pimienta
1 cdta. Paprika
1 lata 16 oz. repollo (escurrido) (SAUERKRAUT)
1 lata 10 oz. puré de tomate
1/2 taza crema agria (Sour Cream)

PROCEDIMIENTO:

Las hojas se remueven fácilmente de la cabeza del repollo con su microondas. Envuelva la cabeza de repollo en papel plástico para microondas, y lleve a su microondas por aproximadamente 3 a 4 minutos en "High" (máxima energía). Deje 4 minutos de reposo, antes de desenvolver. Remueva las 8 hojas de afuera.

Mezcle cebolla, carne, arroz, sal, pimienta y Paprika. Divida en 8 porciones iguales. Envuelva cada porción con una hoja de repollo. Ponga a 1/2 del repollo (Sauerkraut) en el fondo de un accesorio de 3 cuartillos. Agregue los repollos y cúbralos con el repollo (Sauerkraut) que sobró. Por encima ponga el puré de tomate. Cúbralo con papel plásico para microondas y ponga de 12 a 14 minutos, máxima energía ("High" 100%). Permítale de 6 a 8 minutos de reposo antes de poner la crema agria por encima. Rinde para 8 personas.

NOTA: Puede omitir la crema agria y servir con un poco de mostaza por encima.

ALBONDIGAS ALEMANAS CON REPOLLO AGRIO

INGREDIENTES:

1 huevo batido
1/2 taza migajas de pan suave
1 1/2 lb. carne molida
1 lata 16 oz. Sauerkraut picado (escurrido)

2 manzanas grandes mondadas y picadas
2 cdas. cebolla rallada
1 cdta. sal
1/2 cdta. pimienta
1/4 cdta. mejorana (opcional)
2 cdas. aceite
1/2 cebolla picada
1/2 cdta. sal
1/4 cdta. pimienta

1 taza crema agria (sour cream)

PROCEDIMIENTO:

Mezcle huevo, migajas de pan, carne molida, 1/4 taza repollo agrio, 1/2 taza de manzana, cebolla, sal, pimienta y mejorana. Fórmelo en 20 albóndigas. Pre-caliente el plato de dorar de 10" por 7 minutos, en máxima energía (100%). Agregue el aceite y las albóndigas. Dore las albóndigas moviéndolas y luego tape y cocine por 3 minutos en High. Mueva las albóndigas y vuelva a hornear, tapadas por 5 minutos, en máxima energía ("High" 100%). Saque las albóndigas y póngalas a un lado. Añádale, a los jugos que ha soltado la carne, el repollo agrio, manzanas, sal y pimienta. Bátalos hasta que estén bien mezclados. Cúbralos con su tapa y póngalos en su microondas por 5 minutos en "High". Mezcle la crema agria y luego ponga las albóndigas en la salsa, cubra bien las albóndigas con la salsa. Rinde para 5 personas.

¡Ojo! Se debe usar un plato de dorar que trae tapa "Brown & Sear's Dish".

NOTA: Ideal servido con papas y zanahorias al vapor.

PASTEL DE CORNED BEEF

INGREDIENTES:

3 cdas. mantequilla
1 1/2 taza de cebolla picada
3 cdas. harina
1 cdta. sal
1/2 cdta. pimienta
3/4 taza leche evaporada
1 cda. mostaza
2 huevos bien batidos
1 lata 16 oz. Corned Beef desmenuzado
1-9" corteza de pastel cocinada

PROCEDIMIENTO:

Una la cebolla y la mantequilla en un accesorio de 2 cuartillos. Cúbralo con papel encerado, y ponga 2 a 3 minutos en "High" (máxima energía) en su microondas. Añada y mezcle la harina, agregue los otros ingredientes, mezclándolos bien. Vacíe en la corteza de pastel, hornee en su microondas de 10 a 12 minutos en "High", o hasta que el pastelón esté firme. Permita reposar por 8 minutos antes de picar. Rinde para 6 personas.

CARNE DE CERDO O RES TIPO CHINO (STIR FRY)

INGREDIENTES:

1 lb. de carne de cerdo o res molida (también puede ser ternera)
3 cdas. salsa soya
3 cdas. aceite de semilla de sesame (añade sabor especial)
8 tazas de repollo picadito
2 zanahorias, lascas finas (diagonales)
3 ó 4 cebollines verdes finamente picados (usar también la parte superior de los cebollines)
2 dientes de ajo picadito
Pizca de gengibre

PROCEDIMIENTO:

Ponga en su microondas de 5 a 6 minutos en "High" su carne de res o cerdo molida. Añada una cucharada de salsa soya y de aceite de semilla de sesamo. Combine el repollo cebollines, zanahorias, ajos, 2 cda. salsa soya y aceite de semilla de sesame. Ponga en su microondas de 4 a 8 minutos, tapado hasta que se cocine un poco al vapor (el repollo no debe ponerse suave). Mezcle los vegetales con la carne y añada una pizca de gengibre, sal, pimienta y si lo desea, salsa soya y aciete de semillas de sesame. Servir con unas ensalada de frutas y una hogaza de pan, es deliciosa. Rinde para 4 personas.

JAMONILLA CON PIÑA

INGREDIENTES:

1 lata de jamonilla (de 12 onzas) "Luncheon Meat"
4 ruedas de piña
1 cda. de azúcar negra
clavos de especia
1 cda. mostaza

PROCEDIMIENTO:

Dele 8 cortes a la jamonilla, como si fuera a rebanar pero sin llegar abajo (que no se separen las rebanadas). Unte mostaza entre cada rebanada. Coloque 1/2 rueda de piña entre cada corte. Adorne con los clavos de especia. Eche el azúcar por encima. Cubra con papel parafinado (wax paper) y hornee en High de 5 a 7 minutos. Repose por 3 a 5 minutos.

Una forma distinta y festiva de servir la jamonilla.

VEGETALES Y FRUTAS

Vegetales y Frutas

VEGETALES

La rapidez al cocinar vergetales en microondas es única. Puede cocinar una papa en 3-4 minutos. En el horno convencional o primitivo tardaría una hora. Ahorra energía eléctrica y por lo tanto, ahorra dinero. El color natural de los vegetales no sólo se mantiene, sino que en muchos casos se intensifica. Es ideal cocinarlos en microondas, ya que como tardan poco tiempo en cocinarse y necesitan poca a ninguna agua, no hay casi pérdida de nutrientes y vitaminas. los vegetales cocinados en el horno de microondas saben frescos, deliciosos, y por lo general crujientes. Una vez se acostumbren a comerlos de esta manera, ya no les gustará de ninguna otra. Puede hacerlos bien blandos si los prefiere así, aumentando los minutos.

Algunos Consejos Utiles al Cocinar sus Vegetales en Microondas

A. No cocine los vegetales más de lo necesario. Se pondrán duros y resecos. El tiempo que necesitan para cocinarse varía de acuerdo a muchos factores. Por ejemplo, si el vegetal es fresco, se cocina más rápido.
B. Siempre cocine los vegetales tapados. Retienen el vapor que ayuda a cocinarlos más uniformemente.
C. La mayoría de los vegetales se cocinan con su propia humedad. A otros es necesario agregarles un poquito de agua y/o mantequilla (como 1 cda.). No añada agua de más, pues pierden nutrientes y tardan más tiempo.
D. Cualquier vegetal que tenga membrana (cáscara), como la papa, debe pincharla con un tenedor. También perfore las bolsas en que vienen algunos vegetales congelados para que no exploten.

E. No junte vegetales frescos con los de lata o los congelados. El tiempo que cada uno necesita para cocinarse es diferente.

F. Los vegetales congelados se cocinan con la parte que tiene más hielo hacia arriba. Esto permite una mejor y más pareja distribución del calor cuando el agua del hielo que se derrite pasa a través de los vegetales. Todos los vegetales congelados se pueden cocinar en el paquete con un lado abierto, pero quítele la envoltura, pues puede tener tintes y dar colores indeseables a los vegetales.

G. Los vegetales enlatados se calientan en la mitad del líquido que trae la lata.

H. La sal puede afectar la penetración de las microondas, así que debe añadirse al final del tiempo de cocción o disolverla en el agua con que va a cocinar.

I. Algunos vegetales pueden cocinarse envueltos en papel plástico o bolsitas de sandwich; otros se cocinan sobre papel toalla. Ejemplos: calabaza, batata, berenjena.

J. Recuerde que los vegetales estarán un poco firmes al sacarlos del horno, pero continúan cocinándose por unos minutos más en el tiempo de reposo.

K. Si vienen en bolsas para hervir, pinche la bolsa para que no explote la misma, y póngalos en un plato de cartón. Cocine el tiempo necesario, deje reposar 3 minutos y añada sal y mantequilla al momento de servirlos.

L. Para cocinar vegetales en "Auto Cook" o "Auto Sensor":
  1. Vegetales frescos: Coteje la tabla que trae su libro para conocer el programa más apropiado y saber más o menos cuanto tiempo tardarán y qué preparación llevan. Cocine **tapado** en todo momento.
  Nota Importante: Coteje la tabla que trae su libro para el tiempo que tarde en cocinarse cada vegetal. En Auto Cook o Auto Sensor siempre hay que tapar los alimentos. No abra la puerta de su horno mientras esté la palabra Auto.

M. Los plátanos verdes y maduros se le cortan las dos puntas y se le hace una ranura como para mondarlas. Se ponen en el microondas con la cáscara en "High", de 3 a 6 minutos, dependiendo del tamaño del plátano. Deje reposar unos minutos y luego los puede utilizar para hacer piñones, rellenos o tostones.

FRUTAS

Postres de frutas: Se cocinan rápidamente y las frutas retienen el sabor y color mucho mejor que cuando se cocinan por medios convencionales. Pruebe estos postres cuando haya pasado la mitad del tiempo que dice la receta, pues el tiempo puede variar mucho dependiendo del tamaño, variedad o madurez de la fruta. Recuerde que siguen cocinándose mientras reposan.

VEGETALES FRESCOS

INGREDIENTES:

2 tazas de brocolli fresco
1 taza de coliflor fresca
1 zuchinni, en rebanadas
1 zanahoria, finamente rebanada

PROCEDIMIENTO:

Arregle los vegetales, según el orden en que aparecen en la receta, de afuera hacia adentro. Cúbralos con papel plástico para microondas. Colóquelos en su horno de microondas en "Auto Cook" o "Auto Sensor". Vea tabla en horno.

Si no tiene "Auto Cook", hágalos en "High" de 7 a 11 minutos.

OTRA RECETA DE VEGETALES FRESCOS

INGREDIENTES:

1 taza de repollo, picadito
1/2 taza de zanahorias, en rueditas
6 tajadas de calabaza, picadas bien finas

PROCEDIMIENTO:

Coloque el repollo en el fondo de un plato que pueda ir a su microondas. Luego coloque encima las tajadas de calabaza y las zanahorias. Selle con papel plástico para microondas y ponga en "High" de 8 a 10 minutos. Puede servirlos con salsa de queso.

SALSA DE QUESO

INGREDIENTES:

2 cdas. de mantequilla
2 cdas. de harina de trigo
1 taza leche
1 taza de queso cheddar
sal y pimienta a gusto

PROCEDIMIENTO:

Derrita la mantequilla y añada la harina, mezcle bien. Añada la leche, una bien. Ponga en su microondas de 2 a 4 minutos en "High" destapado. Mueva, y si ya ha espesado añada el queso. Mueva hasta obtener una salsa suave y sin grumos.

NOTA: Esta receta se puede usar para vegetales y para hacer la papa asada con queso y tocineta.

CALABAZA EN BOLSITA

PROCEDIMIENTO:

Cocine un pedazo de calabaza dentro de una bolsa de sandwich por 4 minutos en "High" o hasta que ablande. Deje reposar 2-3 minutos y sazone a su gusto. Aproximadamente 5 oz. de calabaza.

MAIZ GRATINADO

INGREDIENTES:

3 lascas de tocineta
2 latas de maíz grano entero escurrido (17 oz.)
1 taza queso suizo rallado (4 oz.)
1/2 cucharadita polvo de cebolla
Pimienta a gusto
2 cdtas. harina de trigo
1 huevo
6 oz. de leche evaporada
1/4 taza migajas de pan
1 cda. de mantequilla o margarina derretida
Paprika (Pimentón) a gusto

PROCEDIMIENTO:

Cocine la tocineta de 2 a 3 minutos, (que quede crujiente). Elimine el exceso de grasa dejando 1 cucharada de la grasa de la tocineta. Añada el maíz, queso, polvo de cebolla, pimienta y la harina que previamente se ha mezclado con el huevo y la leche. Vacíe la mezcla en un molde de tubo (preferible de cristal y de aproximadamente dos cuartillos). Ponga las galletas amantequilladas y rocíe paprika (pimentón). Cocine en "Medium" de 11 a 14 minutos (hasta que esté cuajada). Cubra y deje reposar 5 minutos antes de servirlo.

NOTA: Puede variar el queso suizo por queso cheddar, (queso de papa).

TOMATES PROVENZAL

INGREDIENTES:

1/2 taza de aceitunas rellenas
4 tomates grandes y duros
1 cda. aceite de oliva
1 cebolla pequeña picadita
2 cdas. de sofrito
2 dientes de ajo molidos
1 libra de carne de res
Sal y pimienta a gusto
1 cda. de perejil picadito ó cdta. orégano

PROCEDIMIENTO:

Separe 4 aceitunas y corte el resto en pedacitos. Del fondo de cada tomate corte una rebanada, para usar como tapa. Y póngale a éstas una aceituna con un palillo (como si fuera una agarradera). Separe la pulpa de adentro del tomate (cuidando de no romper la corteza), ponga sal al interior del tomate y colóquelos boca abajo sobre papel toalla, para que escurran el jugo. Mezcle el resto de los ingredientes, y ponga en su microondas aproximadamente de 6 a 8 minutos en "high". Rellene los tomates con la carne, póngale la tapa que preparó con las aceitunas y cocine en su microondas por aproximadamente 6 a 8 minutos en "high", destapados. Sirva caliente.

OTROS TOMATES RELLENOS

PROCEDIMIENTO:

Siga las instrucciones para preparar los tomates según receta "Tomates Provenzal". Puede rellenarlos con queso cheddar o brocoli (brécol) con salsa de queso. Luego proceda a ponerlos en el horno 6 a 8 minutos en "High" (100%) destapados.

BORONIA DE CHAYOTES

INGREDIENTES:

2 chayotes grandes
1 cebolla pequeña, bien picadita
1 pimiento verde pequeño, picadito
1 tomate pequeño picadito
4 dientes de ajo bien picaditos
1 huevo
Sal, orégano y pimienta a gusto
Galleta amantequillada (1/2 taza galleta molida mezclada con 1 cdta. de mantequilla derretida)

PROCEDIMIENTO:

Parte los chayotes por la mitad y póngalos en un accesorio con su tapa, añádale 2 cdas. de agua, y póngalos en "High" (100%) de 5 a 8 minutos. Cuando estén listos quíteles la pulpa, teniendo cuidado de no romper la cáscara del chayote. Una la pulpa picadita con el resto de los ingredientes, excepto la galleta amantequillada. Rellene los chayotes con esta mezcla y póngale la galleta amantequillada encima. Poner en su microondas de 6 a 8 minutos en "High" (100%). Rinde para 4 personas.

PAPAS EN MANTEQUILLA

(Receta de Liliana y Olga)

INGREDIENTES:

2 papas
1/2 taza mantequilla
1 cda. perejil
1 cdta. orégano
1 cdta pimienta.
2 cdas. salsa soya

PROCEDIMIENTO:

En un recipiente se echa la mantequilla. Se añaden las papas picadas en ruedas muy finas, las especies y la salsa soya. El envase se sella bien con el papel plástico para microondas. Se pone en "High" por 8 minutos. Se saca del horno y se mueven las papas. Se ponen de nuevo por 3 a 6 minutos, hasta que ablanden.

Si se usan las papas para acompañar un pollo a la hierba amantequillada, o codornices en salsa de vino o setas, se le añade a las papas en el último tiempo, parte del jugo del pollo o de la salsa de las codornices.

PALMITOS CON BRÉCOL EN AJO Y MANTEQUILLA

(Receta de Lilliana y Olga)

INGREDIENTES:

Palmitos ("in brine") 1 lata
Brécol 1 1/2 taza descongelado (Brócoli)
1 diente de ajo machacado
1/4 de taza de mantequilla
1 pizca de sal
1 pizca de orégano
Pimienta y perejil fresco a gusto

PROCEDIMIENTO:

Se corta el palmito en rueditas. Se descongela el brécol y se pica. Se derrite la mantequilla y se le añade al brécol, el palmito y demás ingredientes. Se le dá 2 minutos en "High". El accesorio debe sellarse con papel plástico para microondas.

CACEROLA DE BATATAS

INGREDIENTES:

1 lata de "YAMS" o batata mameya
1/4 taza de miel
1/4 taza de marshmellows, miniatura (alteas)
1 china (rebanada)

PROCEDIMIENTO:

Escurra la batata y májela en un accesorio de 1 cuartillo. Añada la miel y los marshmellows. Adorne con la china. Hornee de 5 a 6 minutos en "High", o hasta que los marshmellows se derritan. Rinde para 4 personas.

NOTA: Servir en el mismo recipiente donde se cocina. Si tiene un molde redondo de cerámica para el horno, es lo ideal. Es el acompañante perfecto para pavo o pollo asado.

REMOLACHA HARVARD

INGREDIENTES:

2 cdas. maicena
1/2 taza azúcar
1/2 taza vinagre de vino tinto
2 latas de remolacha (16 oz. c/u) picadas y escurridas
2 clavos de especia

PROCEDIMIENTO:

En un recipiente de 2 cuartillos, mezcle la maicena, azúcar, vinage de vino tinto y clavos de especia. Póngalo en "High" por 3 minutos, mueva dos veces. La mezcla debe haber espesado y ser clara. Añada las remolachas y mezcle ligeramente. Descarte los clavos de especia. Ponga tapado de 3 a 4 minutos adicionales.

NOTA: Si quiere darle un toque especial al servirlos, añádale cáscara de china (naranja) rallada y rocíele un poco de jugo de china.

BATATAS RELLENAS

INGREDIENTES:

4 batatas medianas, aprox. 4 oz.
3 cdas. mantequilla
1/4 taza de azúcar morena
1/4 cda. sal
2 cdas. brandy
1/4 cdta. nuez moscada
1 lata 8 oz. piña triturada (crushed), escurrida

PROCEDIMIENTO:

Lave y seque las batatas. Colóquelas en un papel toalla. Poner de 12 a 14 minutos en "High" (100%). Voltee las batatas a mitad de tiempo. Envuélvalas en papel de aluminio y deje reposar por 5 a 7 minutos. Descarte el papel de aluminio y corte una tapa en la batata. Saque la pulpa de la batata cuidando de no romper la cáscara. Combine la pulpa con la mantequilla, azúcar, sal, brandy y nuez moscada, añada la jpiña. Rellene las batatas con esta mezcla. Micro-cocine 3-5 minutos en "High" máxima energía.

NOTA: Puede usar batata mameya, queda deliciosa. Ideal para acompañar el pavo o pollo. Rinde para 4 personas.

PIMIENTOS RELLENOS

INGREDIENTES:

6 pimientos morrones verdes o rojos
1 receta de picadillo de carne de res

PROCEDIMIENTO: Preparar los pimientos para rellenar. (Sáquele las semillas y lávelos bien). Rellénelos con el picadillo. Póngalos en un molde con tapa o séllelos con papel plástico para microondas, y luego en su microondas por aproximadamente 2 a 3 minutos, por pimiento. Quite el papel o tapa y ponga sobre cada pimiento, queso suizo molido, o cualquier queso de su preferencia. Vuelva a poner por 2 o 3 minutos para que se derrita el queso.

NOTA: Esta receta la puede variar al gusto de su familia. Puede hacer cualquier tipo de relleno de carne que les guste a ellos, y puede variar el queso y ponerle una salsa hecha a base de salsa de tomate. También puede usar la salsa de queso de la Receta de la Papa Caliente. ¡Invente!

LA PAPA CALIENTE

INGREDIENTES:

4 papas Idaho
4 lascas de tocineta

SALSA DE QUESO

INGREDIENTES:

2 cdas. de mantequilla
2 cdas. harina
8 oz. de leche
8 oz. queso cheddar
sal y pimienta a gusto

PROCEDIMIENTO:

Lave y seque las papas y póngalas en papel toalla en el microondas, por 12 a 15 minutos en "High" (100%) máxima energía. Envuélvalas en papel aluminio y póngalas a reposar. Ponga las 4 lascas de tocineta en un plato cartón, con papel toalla y cúbralas con el papel toalla. Póngalas en el microondas de 3 a 5 minutos en "High", para que queden bien tostaditas. Prepare la salsa de queso. Derrita la mantequilla por 30 a 40 segundos en "High". Añada la harina y mezcle bien. Añada la leche, sal y pimienta a gusto. Vuelva a poner en su microondas de 2 a 4 minutos en "High". Mueva a mitad de tiempo. La salsa debe quedar medio espesa, añádale el queso y una bien, hasta que se derrita el queso. Triture la tocineta, abra las papas y hágale un corte en la parte de arriba y quite un poco de papa. Añada la salsa de queso y encima póngale la tocineta triturada. ¡D E L I CI O S A! Rinde para 4 personas.

PAPAS RAPIDITAS

INGREDIENTES:

4 papas (aprox. 1 1/2 lb. rebanadas bien finas)
1 sobre de sopa instantáneo de cebolla (Instant Dry Onion Soup Mix)
3 cdas. mantequilla
1 cdta. de albahaca seca (basil)

PROCEDIMIENTO:

Derrita la mantequilla 40 segundos en "High". Añada la albahaca. En un accesorio apropiado pra microondas coloque una camada de papas, distribuya el sobre de sopa de cebolla sobre las papas. Riegue la mantequilla derretida sobre las papas. Selle con papel plástico para microondas y cocine en "High" (100%) por 10 minutos. Mueva y vuelva a tapar y continúe cocinando, tapado, en "High" de 5 a 10 minutos hasta que las papas estén blandas. Rinde para 6 porciones.

PASTEL DE JAMON Y PAPAS

INGREDIENTES:

1 huevo
1/2 taza de leche
3 tazas de jamón cocido, molido
1/2 taza de migas de pan
1 pqte. 10 oz. espinaca congelada, picada, descongelada y escurrida
1/4 taza mayonesa
1/2 cdta. sal de cebolla
1 sobre (5 porciones) de papas majadas instantáneas
1/2 taza de queso Cheddar, rallado
Paprika (Pimentón)

PROCEDIMIENTO:

Combine el huevo y la leche en un recipiente. Agregue el jamón molido y las migas de pan y mezcle bien. En un molde de hacer "pie") pasteles dulces, de 8" a 9" de diámetro, engrasado, coloque esta mezcla. Ponga en su microondas por 5 minutos en "High", máxima energía. Mezcle la espinaca, mayonesa y sal de cebolla. Esparza sobre la masa de jamón. Prepare las papas según las instrucciones del paquete. Esparcir sobre las espinacas. Rocee con queso y pimentón. Hornee de 7 a 12 minutos en "Medium" (50 a 60% energía) o hasta que el queso se derrita. Rinde para 6 porciones. Una forma distinta de servir las papas y la espinaca y es deliciosa!

BATATAS CON SALSA DE CHINA

INGREDIENTES:

3 batatas medianas, rebanadas, 1/4" espesor
2/3 taza jugo de china (naranja)
3 cdtas. de maicena
1/4 taza de agua
1 cda. azúcar morena
1 cda. mantequilla o margarina
1 cdta. de sal
1/2 cdta. gengibre fresco molido
4 ó 5 clavos de especia

PROCEDIMIENTO:

Combinar las batatas con el jugo de china en un recipiente con tapa. Poner en "High", 100% energía, de 10 a 15 minutos, o hasta que ablanden. Diluir la maicena en el agua. Añadir el resto de los ingredientes, mezclar bien y añadir la mezcla a las batatas, poner destapado por 4 a 6 minutos en "High".

NOTA: Puede sustituir las batatas por zanahorias, quedan riquísimas.

AGUACATES RELLENOS CALIENTES

INGREDIENTES:

1 taza de celery (apio verde) picadito
1 lata atún (Tuna Fish 6 1/2 oz.)
1/3 taza mayonesa
1 latita pequeña pimientos morrones picaditos
3 aguacates
sal y pimienta a gusto
1/2 taza queso Cheddar rallado

PROCEDIMIENTO:

Mezcle todos los ingredientes, excepto el queso y los aguacates. Corte los aguacates por la mitad. Corte una pequeña tajada en la parte de abajo de cada 1/2 aguacate, para que no se les vire. Rellene los aguacates con la mezcla y lleve a su microondas en "High" por 3 minutos. Retire y agregue el queso Cheddar encima del relleno de cada aguacate. Vuelva a poner en "Medium" (50 a 60% energía) en su microondas de 3 a 5 minutos, hasta que el queso se derrita. ¡Algo diferente y sabroso!

AMARILLOS EN ALMIBAR I

INGREDIENTES:

3 amarillos (plátanos) bien maduros
6 cdas. de mantequilla
1/2 taza syrup de pancake
Canela en polvo

PROCEDIMIENTO:

Corte los amarillos en pedazos de 1 pulgada. Cocine con la mantequilla por 5 minutos en "High", tapados. Añada el syrup, polvorée con canela y revuelva bien. Cocine 3 a 5 minutos más en "High", tapados, hasta que ablanden bien.

AMARILLOS EN ALMIBAR II

INGREDIENTES:

3 amarillos (plátanos maduros)
2 cdas. de mantequilla o margarina derretida
1/2 taza azúcar morena
1/4 taza de agua
1 rajita de canela
Canela en polvo

PROCEDIMIENTO:

Hornee los amarillos enteros (corte las dos puntas y haga un corte para mondarlos) en "High" por 5 a 7 minutos. La cáscara les servirá de tapa. Ponga a reposar y prepare el almíbar. Mezcle el azúcar, agua y canela y hornée en "High" por 2 a 4 minutos. Corte los plátanos (amarillos) por la mitad y coloque en un accesorio que pueda ir a su microondas. Echele la mantequilla derretida por encima y el almíbar y ponga tapados en su microondas por 3 a 5 minutos en "High".

NOTA: Cuidado al hacer el almíbar no se le convierta en caramelo.

VERDURAS DEL PAIS (VIANDAS)

Cuando hablamos de verduras del país, nos referimos a la yautía, ñame, yuca, etc. A estas al cocinarlas hay que añadirle un poco de agua. Calcule aproximadamente por cada pieza, de 4 a 5 oz. - 3 minutos en "High" y 1 cucharada de agua. Puede diluir la sal en el agua que va a añadir. Recuerde que tiene que multiplicar las cucharadas de agua y los minutos por la cantidad de verdura que va a cocinar. Es bien importante que el accesorio que use tenga una buena tapa. Debe sellar bien.

PASTELES DE MASA Y ARROZ

Siga las instrucciones de su receta favorita para prepararlos.

METODO PARA COCINARLOS

Ponga un pastel uno al lado del otro, **nunca enyuntados.** Agregue 1 cdta. de agua por cada pastel y déle de 2 a 4 minutos en "High por pastel. El recipiente debe tener una buena tapa (sello) o puede sellar el envase con papel plástico para microondas. **No** perfore, ni ventile. Es importante que los pasteles tengan todo el vapor que van a generar para cocinarse bien. Si su horno no tiene "Dual Wave" (doble distribución de microondas) debe voltear los pasteles a mitad de tiempo.

PIÑA RELLENA DE FRUTAS FRESCAS

Nivel de energía: "High" (10)
Tiempo aproximadamente: 10 - 12 minutos
Temperatura: 120F grados

INGREDIENTES:

1 piña fresca, mediana
4 tazas de frutas, frescas, picadas (Guineos maduros, chinas, manzanas, lechosa madura, etc.)
2 limones

PROCEDIMIENTO:

Corte la piña verticalmente en dos mitades, dejándoles sus hojas. Ahuecar cada mitad cuidadosamente a fin de no romper su corteza exterior. Quite corazón (parte central y dura de la piña) y corte en pedazos el resto de la pulpa. Mezcle todas las frutas ya picadas en pedazos. Ponga ambas mitades de la piña ahuecada en bandeja apropiada para usar en microondas, y llene cada uno de sus huecos con las frutas picadas, y luego exprima ambos limones sobre ellas. Decore con fresas (preferiblemente frescas). Cubra con papel parafinado, asegurándose de insertar el microtermómetro en el centro de una de las mitades rellenas. Hornee en "High" (10) fijando temperatura de Microtermómetro a 120 grados Farenheit.

Para servirlo **FLAMEADO:**

Use 1/4 taza de Ron o Brandy, y caliente en "High" por 15 a 20 segundos. Separe una cucharada del Ron o Brandy caliente, y vierta el resto sobre las frutas. Encienda el ron separado en la cuchara y riéguelo sobre las frutas en ambas mitades de la piña.

Rinde para 6 personas

TORONJAS HORNEADAS

INGREDIENTES:

2 toronjas medianas
8 cucharaditas azúcar negra (morena)
Canela molida
Cherry para adornar (opcional)

PROCEDIMIENTO:

Corte las toronjas por la mitad. Sáquele las semillas y luego quítele la pulpa alrededor con un cuchillito. Riéguele 2 cucharaditas de az.car negra en cada 1/2 toronja. Espolvoree con canela molida y coloque la cherry al centro si la va a usar. Lleve a su microondas de 2 a 4 minutos en "High". Se sirve caliente. Rinde para 4 personas.

GUINEOS CON RON Y MANTECADO

INGREDIENTES:

1/2 taza mantequilla (1 barra)
1/2 taza azúcar negra
1/4 taza de ron
6 guineos partidos por la mitad, a lo largo
mantecado de vainilla

PROCEDIMIENTO:

Combine el azúcar con la mantequilla y caliente 1 a 1 1/2 minutos. Añada el ron y mezcle bien. Añada las mitades de guineos y cocine 1 a 1 1/2 minutos. Sirva el mantecado con las dos tajadas de guineos a cada lado y la salsa caliente por encima.

MANZANAS ASADAS

INGREDIENTES:

4 manzanas
4 cdas. azúcar negra
canela a gusto
4 cdas. mantequilla
canela (rajas)

PROCEDIMIENTO:

Ahueque el centro y saque las semillas. Haga pequeños cortes en la piel del hueco. Ponga en el rotito donde estaban las semillas, una cdta. de azúcar negra, mantequilla y un poco de canela. Decore con una rajita de canela cada manzana. Colóqueles en un envase de 2 cuartillos cubierto. Añada 1 cda. de agua por manzana. Ponga en "High" de 5 a 8 minutos. Deje reposar 10 minutos. Una sola manzana grande se hace de 2 a 3 minutos.

REBANADAS DE MANZANA

INGREDIENTES:

3-4 manzanas grandes
1 taza azúcar
1 barra mantequilla
2 cdas. jugo de limón
1 palito de canela

PROCEDIMIENTO:

Lave y rebane las manzanas. Ponga el azúcar, mantequilla, jugo de limón y el palito de canela en un accesorio y lleve a su microondas en "High" por 1 1/2 minutos. Añada las manzanas y mezcle bien. Cubra con una tapa o papel plástico para microondas y dele de 6 a 7 minutos en "High", mueva una vez. Cocine de 6 a 8 minutos en "Medium" (50%) adicionales, hasta que la manzana estén bien blandita. Rinde para 4 personas.

PASTAS

PASTAS

Porque las pastas necesitan rehidratarse antes de cocinarse, no vamos a tener ahorro en tiempo al cocinarlas en el microondas. Tardan más o menos el mismo tiempo que convencionalmente. El agua debe estar hirviendo al añadir la pasta cruda para mejores resultados. Añada la pasta cruda, sal y un poco de aceite. Cocine por aproximadamente 6 a 8 minutos, moviendo dos veces. Deje reposar 3 minutos antes de escurrirlas.

Las ventajas de hacer su pasta en el microondas son:
1. Limpieza - cuando cocinamos las pastas en la estufa, tenemos que prender la hornilla en "High". Cualquier salpicadura del agua en que hierven las pastas, se quema, dejando una mancha difícil de limpiar. Cualquier salpicadura dentro del horno de microondas no se quema y se limpia fácilmente con un paño.
2. Ahorro de energía.
3. Facilidad, seguridad. No se pegan las pastas del fondo del molde, y no se rompen. Ejemplo: Lasagna.

NOTA: Recuerde tapar las pastas al hervirlas.

PASTICHO LASAGÑA

(Esta receta es de Caracas, Venezuela)

INGREDIENTES:

4 pechugas de pollo, deshuesadas
1 lata de tomates enteros, de 8 1/2 oz.
1 lata puré de tomate de 6 oz.
1 latita pequeña de pasta de tomate
1/2 cucharadita de orégano
3 dientes de ajo (molidos)
Sal y pimienta a gusto
Pizca de azúcar
1 hoja de laurel
1 paquete pasta de lasagña
Queso mozzarella y queso parmesano (a su gusto)
1 cebolla mediana, picadita
3 cucharadas aceite de oliva

SALSA BECHAMEL

INGREDIENTES:

2 cucharadas de mantequilla
2 cucharadas harina
1/2 cucharadita de sal
1 taza de leche
2 yemas de huevo

PROCEDIMIENTO:

En un recipiente hondo, ponga a sofreir el ajo, cebolla y aceite (3 minutos en "High"). Añada el resto de los ingredientes incluyendo las pechugas. Tape y cocine en "High" por 15 a 20 minutos. Las pechugas es preferible si son deshuesadas antes, pero no es necesario. Mueva la salsa a mitad de tiempo. Remueva las pechugas y cuele la salsa. Desmenuze las pechugas y reserva. Cueza la pasta preferiblemente en un recipiente 13" x 9" x 2". Ponga una cucharadita de sal y una cucharada de aceite en el fondo del recipiente, coloque la pasta y cubra con agua. Ponga en "High" por 8 a 15 minutos. Mueva la pasta después de los primeros 7 minutos. Remueva la pasta y échele agua fría. Ponga a escurrir. Prepare la "Bechamel". Derrita la mantequilla en una taza de medir de 2 tazas de capacidad, en "High" por 30 segundos, añada las 2 cdas. de harina y mezcle bien. Añada la leche poco a poco moviendo contínuamente (la leche debe estar tibia si es posible). Ponga en "High" por 1 1/2 minutos. Añada las dos yemas de huevos y revuelva bien. Vuelva a poner en el horno en "High" por 2 a 3 minutos más hasta que espese. En un molde 12" X 8" X 2", cubra el fondo con un poco de la salsa de tomate previamente hecha. Añada una capa de pasta, luego una capa del pollo desmenuzado, una capa de salsa bechamel, una capa de salsa de tomate, una capa de queso mozzarella y queso parmesano. Repita las capas hasta terminar con una capa de pasta de lasagna, tomates, quesos y bechamel. Ponga en el microondas en "High" por 20 a 25 minutos. Deje reposar por 10 minutos. Cocinar tapado con papel encerado. Decorar con perejil fresco picadito. Rinde para 8 personas.

NOTA: Ponga unos palillos de dientes en la parte de arriba de la lasagna y encima el papel encerado, asi evitará que al retirar el papel tenga pegado los quesos.

LASAGÑA ITALIANA

Siga las instrucciones para Pasticho (Lasagña con Pollo). Para hacer la salsa roja, omita las pechugas de pollo. Prepare la salsa Bechamel y aparte prepare el picadillo.

PICADILLO

INGREDIENTES:

2 lbs. carne res, molida
4 cdas. sofrito
1 cdta. ajo en polvo
1 cdta. albahaca molida (Basil)
Sal y pimienta a gusto

PROCEDIMIENTO:

Mezclar todos los ingredientes y poner en su microondas por 6 a 10 minutos en "High". Mover 2 o 3 veces mientras cocina para que la carne quede suelta. Si al mover la primera vez, ve que tiene mucho líquido, termine de cocinar destapado.

Proceda a montar la lasagña según receta anterior de Pasticho.

NOTA: La salsa roja que se prepara para la lasagña, es una salsa básica italiana que puede usarse para spaghettis, raviolis, canelones, etc.

CANELONES DE CARNE

INGREDIENTES:

1 caja de Canelones
2 tazas de picadillo de carne (Ver receta bajo lasagña)
1 pqte. 8 oz. queso mozzarella picado
Queso parmesano a gusto
1 taza salsa bechamel (Ver receta bajo lasagña)
4 tazas salsa roja italiana (Ver receta bajo lasagña)

PROCEDIMIENTO:

Rellene los canelones crudos con el picadillo de carne. Coloque los canelones en 1 o 2 moldes, debe ser una sola capa de canelones. Eche el queso mozzarella encima, luego la salsa italiana, luego la salsa bechamel y por último, el queso parmesano. Selle bien el molde con papel plástico para microondas. **No** perfore ni ventile el papel. Ponga en "High" por 5 a 8 minutos y luego en "Medium Low" por 25 a 30 minutos. Deje reposar tapados por 10 a 15 minutos. Rinde para 8 personas.

LASAGÑA CON PASTA CRUDA

PROCEDIMIENTO:

Se prepara con bastante salsa y se cocina en "High" 5-8 minutos, luego en "Medium Low" por 30 minutos. Debe reposar tapado 15 minutos antes de servirla. Al hacer la lasagna cruda se debe tapar bien para cocinarla.

Siga las instrucciones de Pasticho o lasagña para las salsas y el relleno.
Cuando se usa la pasta cruda debe poner doble cantidad de salsa que si la pasta estuviera cocinada.

PIZZITAS CRIOLLAS

Nivel de Energía: "High"
Tiempo aproximadamente Microondas (4 min. x cada 10 pizzitas)

INGREDIENTES:

Pan de agua
Salsa de pizza
Aceite de oliva
Sal de ajo
Queso Mozzarella rallado
Chorizos (opcional)
Queso Parmesano

PROCEDIMIENTO:

Cortar el pan de agua a lo largo por la mitad. Luego se le echa un poco de aceite de oliva y se polvorea con la sal de ajo. Untar al pan la salsa de pizza y ponerle encima los quesos y el chorizo. Cortar el pan en pedazos de 2" y 3" y colocar en bandeja, 10 a la vez. Cocinar 4 minutos en "High" o hasta que el queso se derrita.

LASAGÑA DE RAVIOLIS

Cuando queremos comernos una lasagña pero no tenemos el tiempo para prepararla, aquí les brindo una receta bien fácil y sabrosa.

INGREDIENTES:

2 de 15 oz. c/u latas raviolis en salsa tomate
1 huevo batido
1 taza requesón (Cottage Cheese) o Ricotta
1/4 taza queso parmesano
1 cda. perejil seco
1 cda. albahaca seca (basil)
1 cdta. ajo en polvo
1 pqte. queso mozzarella 8 oz.

PROCEDIMIENTO:

En un molde 10" x 6" x 2" que pueda ir a su microondas, coloque una camada de raviolis. Combine el huevo, requesón o ricotta, queso parmesano, perejil, albahaca, y ajo en polvo, mezcle bien. Coloque esta mezcla sobre los raviolis y luego coloque la mitad del queso mozzarella y encima coloque otra capa de raviolis. Termine el molde con el restante del queso mozzarella. Hornee en microondas de 10 a 12 minutos. Si los quiere hacer por convección, ponga su horno a 375F por 30 a 35 minutos. Rinde para 6 personas.

SPAGHETTI CON AJO Y ACEITE

INGREDIENTES:

1 pqte. sphaghetti núm. 8 de 1 lb.
1/2 taza aceite de oliva
2 dientes de ajo bien picaditos
2 cdas. perejil fresco, bien picadito
Sal y pimienta a gusto
Queso parmesano (opcional)

PROCEDIMIENTO:

En un accesorio de 4 cuartillos, póngalo con agua hasta la mitad en su microondas, por 8 a 10 minutos. Agréguele sal y un poco de aceite y ponga los spaghettis, tapados, por 8 a 10 minutos en "High". En un accesorio que pueda ir a su microondas y servir en la mesa, ponga el aceite de oliva con los ajos por 1 a 2 minutos en "High". Añada el perejil, sal y pimienta, mezcle bien y añada los spaghettis ya escurridos.

NOTA: Puede hervir los spaghettis en la hornilla y hacer la salsa en el microondas. El queso parmesano no es esencial en este plato, pero si a usted le agrada lo puede utilizar.

FETTUCINE A LA CARBONARA

En esta receta he simplificado la receta original para hacerla más al gusto nuestro, puertorriqueño. Puede usar Fettucine, "Eggs Noodles" medianos o spaghettis.

INGREDIENTES:

1 lb. fettucines cocidos
8 lascas tocineta picadita
1 cebolla mediana, picadita
2 dientes de ajo picaditos
1/4 taza perejil fresco picadito
3 huevos
1/2 taza queso parmesano
1/4 taza leche
Sal y pimienta a gusto

PROCEDIMIENTO:

Ponga la tocineta a cocinarse de 4 a 6 minutos en "High" en un recipiente suficientemente grande para luego mezclar los fettucines. Saque los pedazos de tocineta y reserve. En la grasa de la tocineta añada la cebolla, ajo, perejil, sal y pimienta, hornee de 2 a 4 minutos en "High", hasta que la cebolla se vea amortiguada. Añada los fettucines y agreguele los 3 huevos crudos, leche y el queso parmesano y mezcle bien. Añada los pedazos de tocineta. Sirva bien caliente.
¡Deliciosos!

CEREALES APERITIVOS, ENTREMESES Y BEBIDAS

CEREALES, CREMAS Y ALGUNOS POSTRES

A. Ventajas
   1. Los cereales se cocinan rápidamente.
   2. Se pueden hacer porciones individuales y cocinarlos donde mismo los vamos a servir.
   3. No da trabajo fregar los recipientes ya que no se pegan.

Ejemplos de algunas recetas:

AVENA

INGREDIENTES:

1 taza de leche
3 cdas. avena
2 cdas. azúcar
Pizca de sal

PROCEDIMIENTO:

Caliente la leche en "High" por 1 minuto. Añada el resto de los ingredientes y vuelva a poner en "High" por un minuto.

NOTA: Si le gusta la avena más espesa añada 1 min. adicional.

CREMA DE FARINA

INGREDIENTES:

1 taza de leche
2 cdtas. azúcar
2 cdas. Farina
1 cdta. mantequilla
Sal

PROCEDIMIENTO:

Hervir la leche 1 a 2 minutos en "High". Mezclar el resto de los ingredientes y poner en "Medium" por 2 minutos. Hacer este cereal en un bowl hondo o ponerle un plato abajo porque al subir puede derramarse. Mover una vez.

AVENA CON PASAS

INGREDIENTES:

2 tazas agua caliente
1 taza avena instantánea
1/2 taza pasas
3 cdas. azúcar morena
1 cta. canela en polvo

PROCEDIMIENTO:

Combine el agua, avena, azúcar, pasas y sal. Cocine en "High" de 2 a 4 minutos. Mueva una vez a mitad de tiempo. Agregue la canela y deje reposar 2 minutos antes de servir. Rinde para 4 personas.

NOTA: Si le queda muy blanda, déle 1 o 2 minutos adicionales.

MAICENA

INGREDIENTES:

1 taza de leche
2 cdas. maicena
2 cdas. azúcar
Cáscara de limón
Vainilla a gusto
1 yema de huevo
pizca de sal

PROCEDIMIENTO:

Calentar en "High" la leche por 2 minutos. Devolver la maicena en un poco de leche fría. Unir todos los ingredientes bien. Cocinar 1 minuto en "High".

MAJARETE JIBARO

INGREDIENTES:

5 tazas de leche
1 taza de harina de arroz
1 cdta. sal
1 cda. manteca
1 1/4 taza azúcar
3 rajas de canela
3 hojas de renuevo de naranja (puede sustituir por cáscara de limón)

PROCEDIMIENTO:

Caliente la leche en "High" por 5 minutos. Añada el resto de los ingredientes y cocine en "High" por 3 minutos. Mueva bien y termine de cocinar por aproximadamente 3 minutos en "High" o hasta que espese. Sirva en platos individuales y adorne con polvo de canela. Si desea, puede sustituir la harina de arroz por harina de maíz.

TEMBLEQUE DE NAVIDADES

INGREDIENTES:

4 tazas de leche de coco
1/2 taza de maicena
1 1/2 tazas de azúcar
Pizca de sal
1 cda. agua de azahar (opcional)

PROCEDIMIENTO:

Sacar un poco de la leche de coco y diluir la maicena. Hervir la leche de coco 4 minutos en "High" o un poco más, hasta que hierva. Añadir todos los ingredientes, mover bien y cocinar por 3 a 5 minutos en "High". Servir en fuentes y decorar con canela molida.

NOTA: Si no tiene el tiempo para sacar leche de cocos secos, puede sustituir la misma por 2 tazas de leche fresca y 2 tazas de crema de coco (Coco López o Crema de Coco Goya). No agregue el azúcar, ya que quedaría muy dulce.

NATILLA DE TIA NENA

INGREDIENTES:

1 lata de leche condensada
2 latas de agua (medidas en la lata leche condensada)
Palitos de canela
3 cdas. de maicena
4 yemas de huevo
Vainilla

PROCEDIMIENTO:

Mezcle la maicena con un poco de la leche unida en el agua. Bata las yemas y una todos los ingredientes mezclando bien. Ponga en su microondas en "High" por aproximadamente 6 a 10 minutos. Mueva dos o tres veces mientras se cocina. Vierta en el molde que va a servir y deje enfriar. Espolvoree con canela y refrigere.

NATILLA I

INGREDIENTES:

2 tazas leche fresca
3 cdas. azúcar
4 yemas huevo
3 cdas. de maicena
Vainilla a gusto o cáscara de limón
Pizca de sal

PROCEDIMIENTO:

Disuelva la maicena en un poco de leche fresca. Añada las yemas de huevo y mezcle bien. Una todos los ingredientes bien en un recipiente con capacidad para 4 tazas. Cocine en "High" 100%, aproximadamente 6 a 10 minutos. Chequee y mueva la mezcla dos o tres veces mientras se cocina. Vierta en el molde que va a servir y ponga a refrigerar. Espolvorée con canela.

TRES LECHES

Este postre ha sustituído la natilla en muchos países de Sur y Centro América. La receta es de la Sra. Seyda Montes, a quien cariñosamente llamamos Tía Bu, la cual domina el arte culinario en todas sus facetas.

INGREDIENTES:

1 lata leche condensada
1 lata de leche evaporada
8 oz. leche fresca
6 yemas de huevo
1 rajita de canela
1 cdta. vainilla
Pizca de sal

PROCEDIMIENTO:

Bata las yemas de huevo, añada las 3 leches mezclando bien y la rajita de canela, la cdta. de vainilla y sal. Ponga en su microondas, destapado de 6 a 10 minutos en "High", hasta que espese. Se sirve en platos de dulce sola o puede poner bizcocho esponjoso y luego la crema.

¡Ojo! Mueva bien a mitad de tiempo para evitar grumos.

LECHE CONDENSADA CASERA

Esta receta me ha sido muy útil y resulta una buena forma de economizar dinero.

INGREDIENTES:

1/2 taza de agua
1 1/3 taza leche en polvo
3/4 taza azúcar
1 cdta. vainilla

PROCEDIMIENTO:

Mezcle la leche en polvo con la 1/2 taza de agua. Ponga en su microondas 1 minuto en "High". Añada y mezcle la azúcar y la vainilla. Cocine de 1 a 2 1/2 minutos en "High" para disolver la azúcar y espesar. Enfríe antes de usar. Puede guardar en el refrigerador por 1 semana sin que se le dañe. Les rinde igual que una lata de leche condensada de 14 oz.

APERITIVOS Y ENTREMESES

A. Ventajas
    1. Rápidez - muchos se cocinan en una fracción del tiempo que tomaría en la cocina convencional. Tenemos más tiempo para disfrutar de la visita.
    2. Economía en el fregado - podemos cocinarlos en el mismo plato que vamos a servir. Los entremeses a base de queso no se pegan ni se ahuman con tanta facilidad.
    3. Más y mejor sabor.
    4. Facilidad y conveniencia - se pueden preparar de entemano y guardarlos en la nevera o congelador y se descongelan y cocinan en pocos minutos. La cocina se mantiene más fresca y limpia al tener a nuestro alcance apertitivos que no hay que freirlos, ni hacerlos en un horno caliente.
    5. El horno se apaga automáticamente, evitando así que olvidemos lo que estamos cocinando. También algunos modelos se pueden programar para que prendan automáticamente.
    6. Versatilidad - otros usos del horno que facilitan la preparación de entremeses o aperitivos:
        A. Derretir queso - ideal para hacer "fondués".
        B. Entremeses a base de tocineta - cocina rápidamente dátiles, hígados de pollo, salchichas, ("potatoe puffs"), etc., envueltos en tocineta. También se puede pre-cocinar tocineta para adornar y dar sabor a otros entremeses.

DELICIAS DE DATIL

INGREDIENTES:

Dátiles sin semilla
Whiskey o Bourbon
Tocineta

PROCEDIMIENTO:

Remoje los dátiles en whiskey (puede probar con otras bebidas) que los cubra por varias horas, si posible de un día para otro. Escurra el líquido. Corte cada tocineta en 3 pedazos. Envuelva cada dátil en un pedazo de tocineta y fíjelo con un palillo. En un plato, (puede ser de cartón), ponga los dátiles envueltos en tocineta sobre cuatro hojas de papel toalla y cúbralos con otra hoja de papel toalla. Cocine 20 dátiles en "High" por 6-7 minutos, volteándolos a la mitad del tiempo. Sírvalos caliente.

DIP DE HABICHUELAS NEGRAS

INGREDIENTES:

1 lata de sopa de habichuelas negras
1 cebolla mediana bien picadita
Aceite de oliva a gusto

PROCEDIMIENTO:

Cocine la cebolla en un poco de aceite por 1 1/2 minutos en "High". Añada la sopa de habichuelas negras y mezcle bien. Cocine 1 1/2 minutos en "High". Sirva acompañado de Doritos o Tostitos.

NOTA: Puede preparar "nachos" con esta mezcla, preparando una bandeja con Tostitos, una cdta. de dip de habichuelas, un poquito de queso de papa y una ruedita de pimiento Jalapeño. Cocine una bandeja llena en "High" de 1 a 1/2 minutos o hasta que el queso empiece a derretir.

FONDUE DE QUESO

INGREDIENTES:

1 queso Muenster o Bonbel
2 - 3 dientes de ajo
1/2 cebolla picadita (opcional)

PROCEDIMIENTO:

Ponga el queso en un recipiente para microondas y entiérreles los pedacitos de ajo y cebolla. Cocine en "Medium" por 3-4 minutos o hasta que el queso se derrita y empiecen a hervir. Sirva con pedacitos de pan de agua. Si puede, manténgalo derretido sobre una llama para fondues o recaliente en el microondas cuando se ponga duro.

PISTO

INGREDIENTES:

1/3 taza aceite de oliva
2 dientes de ajo y/o cebolla grande, picaditos
3 tazas de berenjena rebanada o picada en cuadritos
2 tazas de jamón picado en cubitos
2 tazas calabacines amarillos
2 tazas de zuchinni
1 lata de 2 lbs. tomates pelados italianos
1 lata alcachofas (Artichoke hearts)

PROCEDIMIENTO:

Se sofríen el ajo y/o la cebolla en aceite de oliva con el jamón por 3 minutos. Se agrega todo lo demás menos el tomate y las alcachofas, y se cocina tapado 20 minutos en "High". Se agregan los tomates escurridos picados y las alcachofas y se cocina destapado 5-10 minutos más en "High". Deje reposar 10 minutos. Se sirve con pan.

SETAS AL AJILLO

INGREDIENTES:

1 lata de setas, hongos enteros de 8 oz.
3 cdas. de aceite de oliva
4 dientes de ajo picados en pedacitos bien pequeños
Sal a gusto
Unas gotas de limón

PROCEDIMIENTO:

En un recipiente de aproximadamente 1 cuartillo, vamos a poner el aceite de oliva con los ajos bien picaditos. Lo ponemos en máxima energía ("High") por aproximadamente 2 a 5 minutos, hasta que veamos que los ajos se están tornando dorados. Cuando estén los ajos dorados, vamos a recobrar el molde del horno y procedemos a agregar las setas u hongos escurridos y unas gotitas de jugo de limón. Vamos a moverlo todo bien y volver a llevar a nuestro microondas destapado por alrededor de 3 a 5 minutos en "High". Este entremés deben de acompañarlo con rebanadas de pan francés, caliente.

CHORIZOS ESPAÑOLES

INGREDIENTES:

1 lb. chorizos españoles (les quitamos la piel y cortamos en rebanadas)
1 lata de 4 oz. de pimientos morrones escurridos
1 cebolla mediana picada en rebanadas
1 pimiento verde picado tipo Julienne (en tiritas)
2 dientes de ajo picados bien pequeños
1/2 taza de jerez seco o 1/2 taza de vino blanco seco

PROCEDIMIENTO:

En un molde de aproximadamente 2 cuartillos, poner los chorizos por alrededor de 5 minutos para que boten la grasa. Al cabo de los 5 minutos, recobrar el molde, sacar los chorizos y en la grasa que han botado los mismos, vamos a añadir los pimientos y las cebollas y 2 dientes de ajo picaditos bien pequeños. Poner a sofreirlo todo por aproximadamente 4 minutos en "High". Cuando ya haya pasado el tiempo y veamos que están amortiguadas las cebollas y los pimientos, volver a añadir los chorizos y el jerez seco o vino blanco seco. Lo colocamos nuevamente en nuestro microondas en "High" de 3 a 4 minutos, destapado. Luego vamos a sacar y dejar reposar unos minutos. Se debe servir bien caliente y con pedacitos de pan francés.

BESITOS DE COCO

INGREDIENTES:

2 huevos
2 latas de 3 1/2 oz. coco rallado
1 cdta. vainilla
1 lata leche condensada
1 cdta. ralladura de limón

PROCEDIMIENTO:

Mezcle el coco con la leche condensada. Añada huevos, vainilla y ralladura de limón. Mezcle hasta que todo una bien. Hornee en moldes individuales 15 minutos en 325F, por Convección o Microondas de 6 a 9 minutos en "Medium".

ROLLITOS DE JAMON Y PIÑA

INGREDIENTES:

Jamón cocido en lascas
1 queso crema 8 oz.
1 lata piña picada (medium)
1 pote cherries

PROCEDIMIENTO:

Untar queso crema a las lonjas de jamón. Enrollarlos y cortarlos en 3 pedacitos. Pincharlos con palillos y adornar con la piña y cherry. Puede prepararlos con anticipación y servirlo y mantenerlos tapados en el refrigerador.

DIP DE HUEVO Y TOCINETA

INGREDIENTES:

3 huevos duros
1/2 lb. tocineta frita
1/2 taza mayonesa
2 cdas. mostaza
Sal y pimienta

PROCEDIMIENTO:

Prepare los huevos y la tocineta en microondas. Pase por el procesador de alimentos todos los ingredientes y sazone a gusto. Sirva en sandwiches.

HOT DOGS EN SALSA AGRIDULCE

INGREDIENTES:

1 paquete hot dogs
1 pote de Mermelada 6 oz. (sabor que prefiera, Piña, Melocotón, etc.)
2 cdas. de mostaza preparada

PROCEDIMIENTO:

Corte los hot dogs en rueditas de aproximadamente 1 a 1 1/2 pulgadas. En un molde con tapa coloque la mermelada junto con las 2 cucharadas de mostaza, mezcle bien y ponga en su microondas en máxima energía "High" aproximadamente 3 a 4 minutos.

Añada los hot dogs, mezcle bien y vuelva a poner esta vez destapado hasta que vea que los hot dogs empiezan a hinchar la piel. Sirva caliente.

DIP DE MARISCOS

INGREDIENTES:

2 paquetes de Queso Crema
1 cebolla mediana picada bien pequeña
1 lata camarones escurridos, de aproximadamente 6 oz.
1 lata de 6 oz. de almejas picadas, escurridas
Aproximadamente 1/2 lb. de carne de langosta descongelada ó
1 lata de 6 oz. de carne de langosta, escurrida
2 cdas. de Salsa Inglesa
2 cdas. de jugo de limón
Queso Parmesano a gusto

PROCEDIMIENTO:

En un recipiente de aproximadamente 2 cuartillos, poner a ablandar los 2 quesos crema aproximadamente de 2 a 4 minutos en "High" máxima energía. Una vez ablande el queso vamos a moverlo hasta que quede cremoso y entonces le vamos a añadir el resto de los ingredientes. Vamos a poner queso parmesano a gusto. (aproximadamente de 2 a 3 cdas. de queso parmesano). Vamos a mezclar bien todos los ingredientes y luego colocamos el molde en nuestro microondas después de haberlo rociado con queso parmesano por encima, en nivel de energía "Medium" (el 50 ó 60 porciento de energía) de su horno por aproximadamente 5 a 8 minutos, hasta que veamos que está burbujeante la mezcla. Se sirve acompañado de galletitas o tostadas melba.

"MOUSSE" POLLO

INGREDIENTES:

2 pechugas
1 cebolla picada
2 pimientos verdes bien picados
1 Cream Cheese 3 oz. (queso crema)
1 lata sopa espárragos en crema, sin diluir
2 sobres gelatina sin sabor
1 pote mayonesa de 8 oz.
1/2 taza caldo pollo (donde hirvió las pechugas)

PROCEDIMIENTO:

Ponga en su microondas las dos pechugas adobadas, con 1/2 taza sopa, por aproximadamente 7 a 10 minutos en "High". Deje reposar y desmenuce, reserve el líquido. Prepare la gelatina en 1/2 taza de caldo (el que reservó del pollo). Mezcle hasta obtener una pasta, el queso, sopa y mayonesa. Agregue el pollo y los demás ingredientes. Engrase el molde y vierta la mezcla. Refrigere por espacio de 3 horas. Desmolde, decore y acompañe con galletitas.

BARRITAS DE DATILES Y NUECES

Convección: Precaliente el horno a 350F
Microondas: 7 a 9 minutos en "Medium"

INGREDIENTES:

1/2 taza azúcar negra
2/4 taza azúcar blanca
3 huevos batidos juntos
1/4 lb. mantequilla o margarina
1 taza harina Presto
1 cdta. vainilla
1/2 taza nueces picadas
1/2 paquete dátiles picaditos
Azúcar molida para polvorear
1 cdta. ron

PROCEDIMIENTO:

Engrase con mantequilla el molde. Bata bien los huevos, añada azúcar, mantequilla, ron y vainilla. Luego añada la harina que ha sido cernida. Bata bien y vierta en el molde. Coloque encima los dátiles y las nueces y hornee. Al enfriar corte en pedacitos.

TARTALELA DE LANGOSTA

INGREDIENTES:

1 caja "pie crust", preparada según instrucciones
1 lb. carne langosta hervida y picada en pedazos pequeños

PROCEDIMIENTO:

Forme tartalelas pequeñas y hornee en Convección a 350 grados, por espacio de 10 a 12 minutos, o 3-4 minutos en Microondas, nivel de energía "Medium". Prepare Salsa Bechamel e incorpore la langosta. Se rellenan las tartalelas con esta mezcla.

DIP DE JUEYES

INGREDIENTES:

1 pqte. de 8 oz. Crema Cheese (queso cream)
1/2 taza queso parmesano
1/2 cebolla mediana picada
1 pqte. o lata 4 oz. Alaskan King Crab

PROCEDIMIENTO:

Se pica la cebolla y se le añade el queso crema, un poco batido a mano. Añada el King Crab y el queso parmesano. Hornee en microondas por espacio de 5 a 6 minutos en "High".

BUL DE CHINA Y GUAYABA

INGREDIENTES:

1 lata grande jugo guayaba
1 lata grande jugo china concentrado
3 7-ups
3 cervezas
1 pqte. 1 lb. de fresas (strawberries congeladas)
Azúcar y hielo a gusto.

PROCEDIMIENTO:

Mezcle los jugos, 7 Up y fresas. Añada azúcar a gusto de ser necesario. Antes de servir añada las cervezas y el hielo.

PONCHE DE VINO BLANCO CON FRUTAS

Algo liviano para las damas.

PROCEDIMIENTO:

Rebanar bien fino, 1 china (naranja) y 1 limón. Poner en un jarro grande con 3/4 taza azúcar. Dejarlo reposar por un par de horas o hasta que el azúcar se disuelva. Añadir 4 cdas. de sirop de "raspberry" o granadina (granadine es "pomegranate" sirup) y 3 o 4 tazas (1 botella) vino blanco (bien frío). Como 12 cubos de hielo. Mover bien y servir. Delicioso y suave.

BUL DE FRUTAS

INGREDIENTES:

1 lata grande Hawaiian Punch
1 lata 6 oz. jugo china concentrado
3/4 botella ron (puede sustituir por 1 botella sidra o 4 cervezas)
1 lata 6 oz. jugo limón concentrado
1 bolsa fresas congeladas con syrup
1 botella grande 7-Up
Ruedas limón y hielo

PROCEDIMIENTO:

Mezcle todo junto con el hielo.

LIMONADA DE NAVIDAD

INGREDIENTES:

12 oz. limonada rosada (concentrada)
1 lata 6 oz. piña picada ("crushed")
1 pqte. fresas congeladas con el syrup
1 taza vodka
6 7 Up

PROCEDIMIENTO:

Mezclar piña y fresas junto a la limonada. Antes de servir añada Vodka y 7 Up.

NECTAR DORADO

INGREDIENTES:

2 latas jugo china concentrado (6 oz. cada una)
1 lata grande jugo piña
1 lata grande néctar apricot (albaricoque)
1 taza jugo limón
2 botellas grandes Ginger Ale

PROCEDIMIENTO:

Enfríe todos y mezcle.

BUL DE FRUTAS

INGREDIENTES:

1 lata jugo china concentrado grande
1 lata jugo piña grande
1 lata jugo guayaba grande
2 latas 7 Up
1 lata grande coctel de frutas con su jugo

PROCEDIMIENTO:

Se mezcla todo bien frío.

MABI

INGREDIENTES:

2 oz. de cáscara de mabi
2 tazas de agua
2 tazas de azúcar
2 tazas de mabi (para pie)
5 tazas de agua caliente

PROCEDIMIENTO:

Ponga las 2 tazas de agua con la cáscara de mabi en su microondas, tapado, por 8 a 15 minutos en "High" (100% energía) o hasta que hierva. Caliente las 5 tazas de agua (de 10 a 15 minutos en "High" 100%). En un recipiente hondo mezcle las 5 tazas de agua caliente, añada colándola, las 2 tazas de agua donde hirvió, la cáscara de mabi. Añada el azúcar y las 2 tasas de mabi para pie. Mezcle bien, batiendo para que forme mucha espuma. Envase las botellas y póngale un embudo de papel en vez de tapa, para que pueda subir. Después que pasen 24 horas tape las botellas y refrigere. ¡Delicioso y económico!

VINO CALIENTE (MULLED)

INGREDIENTES:

4 tazas vino tinto seco
cáscara de china (naranja)
cáscara de limón
1 rajita de canela
6 clavos de especies
1 pizca nuez mozcada
1 cda. azúcar

PROCEDIMIENTO:

Combine todos los ingredientes y cocine 5 a 10 minutos en "Medium" (50%). Cuele y sirva en copas de vino de 4 oz. Rinde 12 porciones.

CIDRA CON NARANJA CALIENTE

PROCEDIMIENTO:

Mezcle 4 1/2 tazas de cidra de manzana, 2 cdas. grenadina sirop, 2 cdtas. corteza de naranja (china) rallada, pizca (1/8 cdita.) semillas de anís molida, en un recipiente de aproximadamente 2 cuartillos. Tape bien (selle con papel plástico si no tiene un recipiente con un buen sello). Micro-hornee en "High" (100%) 6 a 8 min., mueva. Agregue 3 cdas. de brandy. Sirva bien caliente. ¡Ideal para días lluviosos! Rinde 6 porciones.

FLANES, BIZCOCHOS Y OTROS POSTRES

Flanes, Bizcochos y Otros Postres

Flanes

Son perfectos para el microondas. Al voltearlos tendrán el color dorado del caramelo y una suave consistencia. ¡Y casi todos tardan entre 8-15 minutos! Y como si esto fuera poco, el baño de María ya no es necesario. Puede cocinarlos en un molde con tubo en el centro (molde de bizcocho), o en cualquier otro recipiente de cristal o plástico para el microondas. Si el recipiente es muy grande y no tiene tubo en el centro, debe ponerle un vaso invertido o moverlo periódicamente de afuera hacia adentro mientras se cocina. Cocine los flanes en temperatura "Medium", (60% o 50% energía), para evitar que hiervan. Puede preparar el caramelo en el horno. Los mejores resultados son haciendo el caramelo en un moldecito de Corning Ware ó taza Pyrex, y después vertiéndolo en el molde de flan. Puede prepararlo en el mismo molde de flan, pero tiende a azucararse con más facilidad. Siempre añada 3 cucharadas de agua al hacer caramelo y observelo, pues 10-15 segundos más pueden hacer que se queme.

Para evitar que se azucare un caramelo, échele unas gotas de limón al azúcar antes de hacerlo.

Los flanes se sacan a reposar cuando el borde esté duro y el centro gelatinoso, si el centro queda aguado, proteja con papel aluminio sobre el área hecha, y vuelva a ponerlo en su microondas por uno o dos minutos adicionales en "Medium".

FLAN DE QUESO

INGREDIENTES:

1 lata leche evaporada
1 lata leche condensada
4 huevos
1 queso crema de 8 oz.
1 cdta. de vainilla

PROCEDIMIENTO:

Mezclar todos los ingredientes bien en la licuadora y vierta sobre un molde con caramelo. Hornee 8 a 12 minutos en "Medium" hasta que cuaje. Dejar reposar antes de enfriarlo. Reposar alrededor de 10 minutos, tapado con papel de aluminio. Servir frío.

CARAMELO PARA EL MOLDE

PROCEDIMIENTO:

Coloque 1 taza de azúcar, tres cucharadas de agua y unas gotitas de limón, en una ollita o recipiente de porcelana o cristal (debe ser Corning Ware o Pyrex). Poner por 3 minutos en "High" y luego 3 minutos más, velando los últimos segundos para que no se queme. Vertir el caramelo en el molde a usarse para hacer el flan. El molde puede ser plástico para microondas.

FLAN DE CALABAZA

Nivel de Energía "Medium"
Tiempo: 10 a 12 minutos

INGREDIENTES:

1 1/4 lbs. de calabaza
2 cdas. de mantequilla
5 huevos batidos
1/2 taza de harina de trigo
1/2 cdta. de vainilla
2 tazas de leche
1 taza de azúcar
Sal a gusto

PROCEDIMIENTO:

Prepare un molde con caramelo en la siguiente forma: Poner una taza de azúcar con 3 cdas. de agua en su microondas por 6 a 8 minutos en "High" (Temp. máxima). (Recuerde las gotitas de limón) Vierte el caramelo en un molde apropiado para microondas, preferible con tubo en el centro. Coloque la calabaza en un recipiente que selle bien la tapa o cubra el recipiente con papel plástico propio para microondas. Cocine en "High" (Temp. máxima) de 8-12 minutos. Deje reposar por unos minutos. Maje la calabaza o utilice su licuadora o batidora, uniéndola a la mantequilla. Añada los demás ingredientes y mezcle bien. Vierta sobre el molde con caramelo. Hornee en su microondas en temperatura "Medium" de 10 a 12 minutos. Ponga a reposar tapado con papel de aluminio 15 a 25 minutos. Refrigérelo y luego voltéelo. Rinde para 8 personas.

FLAN DE PIÑA

INGREDIENTES:

2 tazas de jugo de piña
1 1/3 tazas de azúcar
8 huevos enteros
1 cdta. vainilla
Pizca de sal

PROCEDIMIENTO:

Prepare caramelo para cubrir un molde de bizcocho para microondas (molde de tubo) de la siguiente manera: En una taza de medir o molde de Corning Ware pequeño, mezcle 2/3 tazas de azúcar con 2 cdas. de agua. Cocine en "High" 3 minutos, luego en "High" 1-3 minutos más, hasta que el caramelo tenga un color dorado. Vierta inmediatamente sobre el molde y cubra todos los bordes.

Hierva 1 taza de jugo de piña con el azúcar en "High" por 8 minutos. Añada la otra taza del jugo de piña. Deje refrescar un poco. Añada los huevos enteros ligeramente batidos y mezcle bien. Añada la vainilla. Vierta en el molde con caramelo y cocine en "Medium" por 8-12 minutos o hasta que tenga consistencia gelatinosa. Deje reposar tapado con papel de aluminio por 20 minutos para que termine de cuajar. Sírvalo frío.

FLAN DE QUESO CON LECHE EVAPORADA

INGREDIENTES:

4 oz. queso crema, ablándelo 10 segundos en el horno microondas
1 taza azúcar para acaramelar el molde
1/4 cdta. de sal
5 huevos medianos ligeramente batidos
1 lata de 13 oz. leche evaporada
1/2 taza de agua
1 cdta. ralladura de limón, fresco
1 cdta. de vainilla
1 taza de azúcar

PROCEDIMIENTO:

Haga el caramelo y ponga en el molde. Eche el queso en un tazón (puede hacerlo todo en la licuadora), agregue el azúcar y la sal y bata hasta que quede bien suave. Bata los huevos enteros ligeramente y añadales la leche y el agua. Mezcle bien y añada a la mezcla de queso y azúcar. Añada la vainilla y la ralladura de limón. Mezcle bien y vierta en el molde. Hornéelo en "Medium" alrededor de 10-15 minutos o hasta que casi haya cuajado en el centro. Tape con papel de aluminio y deje reposar al menos 10 minutos. Sírvalo frío. (Da para 8 raciones)

FLAN DE PANAPEN

INGREDIENTES:

1 panapén mediano
8 oz. leche fresca
8 oz. leche evaporada (sin diluir)
5 huevos
1 1/4 taza de azúcar
1 cdta. canela en polvo
1 cdta. vainilla

PROCEDIMIENTO:

Monde el panapén y píquelo en pedazos pequeños. Ponga en accesorio con tapa, añada 1/4 taza de agua. Hornee de 5 a 10 minutos en "High" (máxima energía). Déjelo reposar por 5 minutos y luego májelo. Separe 2 tazas para el Flan. Mezcle todos los ingredientes, si tiene grumos cuelelo. Prepare un molde con tubo en el centro con el caramelo (ver receta anterior para el caramelo). Espere a que enfríe el caramelo y vierta la mezcla. Ponga en su microondas de 12 a 18 minutos en "Medium" (50% a 60% energía). Repose hasta que esté frío cubierto con papel de aluminio. Enfríe bien en la nevera antes de desmoldarlo.

BIZCOCHOS

A. Consejos Utiles:
Cocine los bizcochos preferiblemente en molde de tubo. Engrase el molde, no le eche harina como hacíamos antes. Los bizcochos suben más en el horno de microondas. Puede guardar la mezcla que sobre para hacer "cupcakes" o bizcochitos, en su nevera hasta por 7 días en un envase que cierre al vacío. Ejemplo: Tupperware. De acuerdo a la forma y el tamaño del molde varía el tiempo que tardarán los bizcochos en cocinarse.

B. Tiempos aproximados
Molde redondo de 8" - 9" (5-6 minutos)
Molde cuadrado de 8" x 8" x 12" (7-8 minutos)
Molde rectangular de 9" x 13" (10 minutos)
Molde de tubo pequeño (6-8 minutos)
Molde de tubo grande (Bundt) (12-15 minutos)

C. Si no tiene instrucciones para cocinar en microondas, hornee siempre en nivel de energía "Medium". El abrir la puerta del horno no hará que el bizcocho baje o se "sienta". Debe chequear el bizcocho para no sobrecocinarlo. El bizcocho estará listo cuando al introducir un palillo este salga limpio. El bizcocho se verá casi seco por encima y debe despegar un poquito de las orillas.

D. Los bizcochos no se doran en el horno de microondas y no hacen corteza. sto no será problema en bizcochos que tienen un color agradable, tales como los de gengibre, zanahorias o chocolate. Los bizcochos amarillos puede cubrirlos con azucarado (frosting). Si va a cubrir con azucarado un bizcocho de dos capas, es preferible enfriarlos antes una hora en la nevera. No intente cubrir un bizcocho caliente con azucarado, pues la humedad y el calor e el bizcocho derretirán el azucarado. Los bizcochos se verán mejor si después de engrasados los polvorea con 1/1 (una parte y 1 parte) mezcla de azúcar y canela.

E. Para que el bizcocho forme una corteza más uniforme, pruebe dejando reposar la mezcla por 10 minutos antes de cocinarla. Antes de echar la mezcla en el molde, pásele un cuchillo para sacarle burbujas de aire. Luego de vaciar la mezcla en el molde, deje reposar unos 5 minutos para que cualquier burbuja de aire pueda salir. Luego hornee. Si al voltearlo tiene partes muy húmedas, puede cocinarlo con el molde encima unos minutos más, siempre voltee los bizcochos en un plato que pueda ir a su microondas.

F. Los bizcochitos o "cupcakes" se cocinan en segundos.
   1 bizcochito   - (30 segundos)
   2 bizcochitos - (60 segundos)
   3 bizcochitos - (1 minuto - 15 segundos)
   4 bizcochitos - (1 1/2 a 2 minutos)
   5 bizcochitos - (2 a 2 1/2 minutos)
   6 bizcochitos - (2 a 3 minutos)

Cocínelos en moldecitos de flan (pyrex) o en moldes para bizcochitos especiales para microondas. Ponga dos papelitos dentro de cada molde. Saque los bizcochitos (con sus papelitos) del molde para que la humedad no se condense en el fondo. Deje reposar unos minutos.

G. Cuando prepare su propia receta, reduzca la levadura por una cuarte parte.

H. Si prepara bizcochitos con mezcla que tenía guardada en la nevera, recuerde que debe aumentar el tiempo debido al frío de la nevera.

I. Los bizcochos "de cajita" se pueden variar usando su imaginación, por ejemplo: En vez de agua, use vino, ron, licor, jugo de frutas, "buttermilk", crema agria (sour cream), etc. Añada además a la mezcla, mantequilla, vainilla, extracto de almendra, ralladura de limón o china, café instantáneo, nueces picadas, chocolatitos, huevos adicionales, etc. Use la imaginación, si no tiene algún ingrediente que pida la receta, sustituya.

J. Como no tienen corteza es imposible usarlos para decorarlos tardando dos o tres días, para bizcochos decorados use Convección. Como no tienen corteza, guarde los bizcochos tapados, para que no se resequen.

PASTELES DULCES (PIES)

Aunque no se doran, pueden estar bien cocidos y tostados. Debe cocinar la corteza del pastel antes de rellenarlo. Mueva el relleno del pastel una o dos veces de afuera hacia adentro, mientras se está cocinando. No quedan bien los pasteles que tienen corteza arriba y abajo: la corteza de arriba no se tuesta en el microondas, pero puede sustituirla por galleta molida o terminarla de tostar y dorar en el horno convencional unos minutos. Antes de cocinar la corteza del pastel, puede untarle un poquito de syrup oscuro para darle color. Si va a preparar un pastel carne, puede untarle a la corteza salsa de soya o salsa inglesa para darle color. Una corteza para pastel se cocina en 3-5 minutos en "High", si es de una mezcla hecha en casa. Las cortezas congeladas tardan 4 a 5 minutos y las cortezas hechas de polvo de galleta Graham tardan 1 1/2 a 2 minutos. Deje reposar hasta que enfríen.

BIZCOCHO DE PIÑA
AL REVES

INGREDIENTES:

1 pqte. Pillsbury Plus Lemon Cake Mix
2 cdas. margarina o mantequilla
1/2 taza azúcar negra
1 lata piña en rebanadas (8 1/2 oz.)
6 Marraschino (cherries)
1 taza de agua
1/3 taza de aceite
3 huevos

PROCEDIMIENTO:

Derrita la mantequilla en una taza de medir (30 segundos en "High"). Añada el azúcar negra y mezcle bien. En un molde para 12 tazas (preferible con **aro en centro**), el cual se ha engrasado con mantequilla, coloque presionando la mezcla de azúcar y mantequilla en todo el fondo del molde. Corte las rebanadas de piña por la mitad, colóquelas sobre el azúcar formando un aro. Corte el resto de las piñas en tres pedazos. Colóquelos entre las piñas picadas en mitades. Coloque una cherry en cada 1/2 rebanada de piña.

En un recipiente grande, una (blend) la mezcla del bizcocho, agua, aceite y huevos. Bata por 2 minutos a velocidad máxima. Vacíe en molde. Hornee en temperatura "High" de 10 a 12 minutos. Enfríe en el molde por 5 minutos. Voltee en plato a servirse. Rinde 14 porciones.
NOTA: Este bizcocho se sirve caliente.

BIZCOCHO DE ZANAHORIAS

INGREDIENTES:

1 pqte. de 1 lb. de zanahorias (Tritúrelas en la licuádora o procesador de alimentos. Si lo desea, puede cocinar las zanahorias por 4 minutos en "High", tapadas).
1 ó 1/2 taza aceite vegetal (pruebe como le gusta más el bizcocho con 1 o 1/2 taza)
4 yemas de huevo
2 tazas de azúcar (puede usar azúcar morena)

Cierna juntos

2 tazas harina Presto
2 cucharaditas de polvo de hornear
2 cdtas. de canela en polvo

Bata aparte

4 claras de huevo, a punto de merengue

PROCEDIMIENTO:

MEzcle bien las zanahorias, yemas de huevo, aceite y azúcar. Añada poco a poco a la mezcla de harina. Añada las claras envolviéndolas. Vierta sobre un molde de bizcocho al que se le ha cubierto el fondo con papel encerado engrasado. La mezcla da para dos bizcochos medianos o uno grande. Si hace los medianos, tardan alrededor de 6 minutos cada uno en "Medium-High". El bizcocho grande tarde de 12-15 minutos en "Medium High".

AZUCARADO PARA BIZCOCHO DE ZANAHORIAS

INGREDIENTES:

1/2 barra de mantequilla
1 pqte. queso crema de 8 oz.
1/2 caja de azúcar pulverizada (Confectioner's) ó
1 caja si lo quiere más espeso.
Unas gotas de limón

PROCEDIMIENTO:

Ablande la mantequilla y el queso en el horno hasta que estén a temperatura de ambiente. Bata hasta que estén cremosos. Añada el azúcar y el limón. Vierta sobre el bizcocho.

BIZCOCHO DE CHOCOLATE CON CHERRY

INGREDIENTES:

1 lata de "Cherry Pie Filling"
1 caja (9 oz.) "Devil's Food Cake Mix"

PROCEDIMIENTO:

Engrase molde para bizcocho con tubo en el centro. Ponga el "Cherry Pie Filling" en el fondo del molde. Mezcle el bizcocho según instrucciones en la cajita. Vacíe la mezcla en el molde. Hornee en "High" de 8 a 12 minutos. Voltee caliente. Rinde para 6 a 8 personas.

BIZCOCHO BASICO: "CHEESE CAKE"

INGREDIENTES:

Primera etapa

3 cdas. mantequilla
1 taza migas finas - galletas GRAHAM
2 cdas. azúcar

Segunda Etapa

4 huevos
1 taza azúcar
16 oz. queso crema
2 cdtas. vainilla
1/4 cdta. sal

PROCEDIMIENTO:

Primera Etapa - Derrita mantequilla en molde redondo de 8" diámetro ("High" 30 segundos). Ahora añada polvo de galletas y azúcar. Revuelva cuidadosamente y luego cubra lados y fondo del molde con capa de esta mezcla. Hornee en "High" de 1 a 2 minutos.

Segunda Etapa - Mezcle todos los ingredientes de la Segunda Etapa por un minuto en velocidad máxima de **licuadora.** (Si en lugar de licuadora usa **batidora eléctrica,** tendrá que batir por 3 minutos en velocidad alta en recipiente grande.

Final - Vierta la mezcla de la segunda etapa, sobre la mezcla en el molde anteriormente preparada y de corteza **pre-horneada.** Asegúrese de no romper la corteza. Ahora hornee por 19-23 minutos en "Low". Sáquelo del horno y hágalo REPOSAR por 10 minutos. Una vez frío, decore con frutas enlatadas. Refrigere por no menos de 3 horas antes de servir.

PAN DE GUINEO

INGREDIENTES:

1/2 taza nueces ó almendras, picaditas
4 guineos maduros
1/2 taza mantequilla
1 taza azúcar
2 huevos
1 cda. jugo limón
2 tazas harina trigo
3 **cdtas.** polvo hornear (baking powder)
1/2 cdta. sal
1/2 cdta. canela
1/2 cdta. cáscara limón rallada

PROCEDIMIENTO:

Mezcle mantequilla ablandada con azúcar hasta quedar cremosa. Añada huevos y jugo de limón, y continúe mezclando suavemente. Maje los guineos y agréguelos además de la harina de trigo, el polvo de hornear, la sal, la canela, las nueces picaditas y la cáscara rallada de limón. No mezcle en exceso. Engrase molde redondo acanalado de 10" (preferible con aro tipo BUNDT), y eche la mezcla. Hornee de 9 a 13 minutos en "Medium". Al finalizar tiempo haga la prueba "del palillo". Este debe salir limpio de mezcla, al sacarlo después de haberlo hundido en el "PAN". Reposo por 5 minutos y luego voltearlo.

ADORNO Y GUSTO FINAL

INGREDIENTES:

2 guineos maduros
2 cdas. mantequilla
1/2 taza azúcar negra
1/4 taza coco rallado
2 cdas. jugo limón

PROCEDIMIENTO:

Procedimiento: Corte guineos en rodajas. Derrita mantequilla en "High" por 30 segundos. Mezcle todos los ingredientes. Cocine en "High" de 1 a 2 minutos. Vierta mezcla caliente sobre todo el PAN, o sobre porciones individuales.

BIZCOCHO DE BATATA

INGREDIENTES:

2 tazas harina Presto
2 cdtas. polvo hornear
Pizca de sal
2 cdtas. canela en polvo
4 huevos
2 tazas de azúcar
1 taza aceite de cocinar
1 1/2 taza de batata mameya rallada
1 taza de nueces picaditas
Azúcar de confeccionar (para decorar)

PROCEDIMIENTO:

Mezcle bien la batata rallada, yemas de huevo, aceite y azúcar. Una la harina, el polvo de hornear, pizca de sal, y la canela en polvo. Añada la mezcla de las batatas, etc. poco a poco a la harina mezclando bien. Bata las claras a punto de merengue, hasta que formen picos. Incorpore las claras a la mezcla envolviéndolas bien. Engrase bien un molde tipo BUNDT para bizcocho con tubo en el centro, vierta la mezcla en él. Hornee de 12 a 15 minutos en "Medium High". Deje reposar de 10 a 15 minutos destapado. Voltee, decore con azúcar de confeccionar o le puede servir el "Azucarado para Bizcocho de Zanahorias". Ideal para la cena de Acción de Gracias.

BIZCOCHO DE CHOCOLATE

INGREDIENTES:

1 1/2 taza de azúcar
3/4 taza de mantequilla o margarina, ablandada
4 huevos
3/4 taza de leche (temperatura ambiente)
1 cdta. vainilla
2 tazas de harina de trigo
1/2 cdta. polvo de hornear
1/2 cdta. sal
3/4 taza de cocoa en polvo

PROCEDIMIENTO:

Bata la mantequilla y el azúcar con una mezcladora eléctrica. Agregue los huevos en la batidora, uno por uno, batiendo la mezcla bien. Añada la leche gradualmente, agregue la vainilla. Combine la harina, polvo de hornear, sal y la cocoa, y mezcle a mano con los otros ingredientes. Si su mezcladora sirve para este paso, úsela en "Low" (despacio). Engrase bien el molde para microondas, después que la mezcla repose por 10 minutos vierta la mitad en el molde. Hornee a 60% de energía de 5 a 6 minutos. Continúe horneando en "High" (máxima energía) por 2 1/2 minutos a 3 minutos. Deje el bizcocho reposar en una superficie plana por 10 minutos antes de voltearlo. Repita con la otra mitad de la mezcla. Ponga el azucarado al enfriarse el bizcocho.

BIZCOCHO DE MANTEQUILLA

INGREDIENTES:

2 3/4 tazas harina de trigo
2 tazas de azúcar
3 cdtas. polvo hornear
1/2 cdta. sal
1 taza (1/2 lb.) mantequilla, ablandada
1 taza leche
1 1/2 cdta. extracto de vainilla
4 huevos

PROCEDIMIENTO:

Mezcle la harina, azúcar, polvo de hornear y sal. Añada la mantequilla ablandada, leche, vainilla y un huevo. Bata por 2 minutos en velocidad baja ("low") de su batidora, mezclando todo bien. Añada el resto de los huevos y continúe batiendo por 1 minuto más. La mezcla se verá como cortada. Engrase bien un molde, preferible tipo "Bundt" o 12" x 8" x 2". Hornee por 10 a 14 minutos en "High" (100%).

NOTA: Si usa el molde rectangular y nota que el bizcocho está hecho en las orillas y crudo en el centro, proteja las orillas con papel de aluminio en los últimos minutos para que cocine el centro.

GLASEADO DE CHINA

(Para Bizcocho de Mantequilla)

INGREDIENTES:

3/4 taza azúcar
3/4 taza vino blanco dulce
3/4 taza jugo de china
1 cdta. cáscara de china rallada

PROCEDIMIENTO:

Mezcle todos los ingredientes en un recipiente de aproximadamente 4 tazas de capacidad, que pueda ir a su microondas. Microhornee en "High" (100% energía) por 2 minutos, mueva. Vuelva a poner por 2 a 3 minutos más, hasta que hierva. Se cocina destapado.

NOTA: Este glaseado es delicioso sobre el bizcocho de mantequilla.

AZUCARADO DE MANTEQUILLA

INGREDIENTES:

2 tazas azúcar pulverizada (Confectioner Sugar)
1/2 cdta. vainilla
3 cdas. mantequilla
1 a 2 cdas. leche evaporada sin diluir

PROCEDIMIENTO:

Microhornee la mantequilla con la leche evaporada sin diluir por 1 a 2 minutos a 50% de energía o hasta que empiece a burbujear. Añada la azúcar y la vainilla hasta que empiece a suavizar. Añada unas gotas de leche si es necesario para conseguir la consistencia. Luego aplicar al bizcocho.

VARIACIONES:

Café - Añada 1/2 cda. café instantáneo a la mantequilla antes de llevar al microondas.
Limón - Sustituya una cdta. de leche sin diluir por 1 de jugo de limón. Añada una cdta. de cáscara de limón rallado. Color amarillo.
China - Sustituya la leche evaporada por jugo de china y añada 1 cdta. de cáscara de china rallada.
Azucarado de Mantequilla de Maní - Añada 2 cdtas. de mantequilla de maní antes de llevarlo al microondas.

AZUCARADO DE CHOCOLATE I

INGREDIENTES:

1 lata de leche evaporada (14 oz.)
1 pqte de chocolates en pedazos semi dulce

PROCEDIMIENTO:

Hornee en su microondas de 2 a 3 minutos a 70% de energía. Bátalo hasta que los chocolates se disuelvan con la mezcla. Si es necesario hacer una mezcla más suave, caliente por unos segundos más. Para ur bizcocho de chocolate es delicioso.

AZUCARADO DE CHOCOLATE II

INGREDIENTES:

3 tazas de azúcar
3/4 tazas de cocoa en polvo
3/4 tazas de leche evaporada
3/4 taza de mantequilla

PROCEDIMIENTO:

Combine los ingredientes en un recipiente hondo. Ponga en su microondas a 70% de energía por 5 a 10 minutos, o hasta que la mezcla comience a espesar. Déjela enfriar a temperatura de ambiente, hasta que se vea tibio. Bata hasta que tenga la consistencia apropiada para aplicarlos en su bizcocho.

PAN DE MAIZ

INGREDIENTES:

1 taza harina de trigo
1 taza harina de maíz (amarillo)
3 cdas. de azúcar
3 cdtas. polvo de hornear
1/2 cdta. sal
2/3 taza de leche
1/2 taza de mantequilla o margarina ablandada
2 huevos

PROCEDIMIENTO:

Combine la harina de trigo y maíz, azúcar, polvo de hornear y sal. Añada la leche, mantequilla y huevos. Bata por aproximdamente 1 minuto, hasta que vea la mezcla suave. Engrase un molde redondo para bizcocho y vacíe la mezcla. Recuerde, no debe llenar el molde más de la mitad. Ponga en su microondas en "Medium" (50% energía) por 6 minutos. Vuelva a poner de 1 a 4 minutos en "High" (100%) o hasta que inserte un palillo en el centro y salga limpio. Deje reposar 5 minutos y voltee.

PAN PARA CAFE "SORPRESA DE MANZANA"

INGREDIENTES:

Azucarado

4 cda. mantequilla o margarina
1/2 taza de azúcar negra
1/4 a 1/2 taza nueces picaditas
1/2 cdta. canela molida
1 manzana

Bizcocho:

4 cdas. mantequilla o margarina
1 huevo batido
1/2 taza leche
1/2 taza harina de trigo
1/2 taza azúcar
1 taza harina de trigo
1/2 cdta. sal
1 1/2 cdta. polvo de hornear
1/4 cdta. canela molida

PROCEDIMIENTO:

Derrita las 4 cdas. de mantequilla en el fondo del molde de bizcocho. Añada 1/2 taza de azúcar negra, las nueces, y la canela y mezcle bien. Corte la manzana en rebanadas bien finas y coloque atractivamente sobre la mezcla del azúcar. Derrita 4 cdas. de mantequilla en un accesorio, añada el huevo y la leche, mezcle bien. En un recipiente mediano combine el azúcar, harina, sal, polvo de hornear y la canela. Mezcle los ingredientes líquidos con los secos. Bata lo suficiente hasta que se suavicen los grumos. Vierta encima de la manzana. Cocine por 6 a 7 minutos a 60% nivel de energía, y luego cocine en "High" (100% máxima energía) por 2 a 3 minutos antes de vertirlo en el plato. Coja una espátula y el azucarado que quede pegado al molde sáquelo y póngalo encima del bizcocho. Sirva tibio.

NOTA: Recuerde que para calentar un pedazo de "Coffee Cake" o pan para café, solo debe poner de 10 a 30 segundos en "Medium" (50%).

SOPA BORRACHA

INGREDIENTES:

1 bizcocho esponjoso
1 taza de azúcar
1/2 taza de agua
1 taza vino tinto o vino dulce
2 cdtas. de brandy
Canela en rajas
3 claras de huevo
1/2 taza de azúcar

PROCEDIMIENTO:

Hierva el agua con la canela y el azúcar de 2 a 3 minutos para hacer un almibar. Deje enfriar y añada el brandy y el vino, mezcle bien. Coloque el bizcocho en un plato no muy llano, y vaya añadiendole el almibar hasta que este saturado. Espere una hora y luego bata las claras a punto de merengue y añada el azúcar hasta que forme picos. Ponga el merengue sobre el bizcocho por cucharadas, formando merenguitos uno pegado al otro. Polvoree con grajeas de colores.

NOTA: Recuerde que al hervir el agua con azúcar debe usar un recipiente que resista altas temperaturas.

PASTEL DE CALABAZA

INGREDIENTES:

1 lb. de calabaza cocida (16 oz.)
1 taza de leche evaporada
2 huevos
1/2 taza de azúcar
1/4 taza de azúcar negra
1/2 cdta. sal
1 cdta. canela
1/2 cdta. gengibre fresco molido
1/4 clavos de especia molidos
1 corteza para pastel de 9" - horneada

PROCEDIMIENTO:

Mezcle todos los ingredientes y póngalos en la corteza del pastel horneado. Cocine e su microondas por 20 a 22 minutos en "Medium" (50% energía). Puede insertar un cuchillo en el centro, si sale limpio está listo. Déjelo reposar hasta que se enfríe.

PASTEL DE LIMON DOBLE

INGREDIENTES:

1 corteza para pastel de 9"

Relleno:

1 1/4 tazas de azúcar
6 cdas. de maicena
1 1/4 tazas de agua
1/2 cdta. de sal
1 limón en rebanadas finas (opcional)
3 yemas de huevo
2 cdas. de mantequilla
1/3 taza jugo de limón

Merengue:

3 claras de huevo
1/4 cdta. cremor tartaro
1/3 taza de azúcar

PROCEDIMIENTO:

Coloque la corteza de pastel en un molde de vidrio o cerámica a prueba de horno, pique la corteza con un tenedor muchas veces para prevenir burbujas en el pastel. Cocine en el microondas "High" por 1-2 minutos. Voltee media vuelta y cocine (High) por 1-2 minutos o hasta que la corteza esté cocida (no tendrá un color dorado). Dejela enfriar mientras que se prepara el relleno.

Relleno - Combine el azúcar, maicena, sal y agua en un accesorio de 2 cuartillos y menee para mezclar bien. Cocine en el horno de microondas ("High") destapado por 4 minutos. Corte un limón en rebanadas delgadas como papel. Con cuidado, de los círculos quite la cáscara del limón y el área blanca, que es amarga. Añada estas rebanadas a la mezcla de maicena, cocine en "High" por un 1 minuto más, o hasta que la mezcla esté espesa. Bata las yemas de huevo. Añada unas cdtas. de la mezcla caliente de maicena a las yemas para calentar el huevo antes de añadir las yemas a la maicena cocida. Mueva bien. Añada el jugo de limón y mantequilla a la maicena y mezcla de yemas y menee bien. Cocine en el horno de microonda (High) por 1 minuto. Enfríe por 10 minutos, meneando dos veces durante este tiempo, antes de vaciar en la corteza cocida.

Merengue - Bata las claras y el cremor tártaro hasta que haga espuma, gradualmente añada el azúcar, continúe batiendo hasta que se formen picos firmes. Extienda el merengue sobre el relleno del pastel tocando la orilla de la corteza para cerrar. Cocine en el horno de microondas (Medium 50%) por 2 minutos. Voltee media vuelta y cocine (Medium) por 1-2 minutos hasta que esté firme, si se inserta un cuchillo en el merengue y se saca limpio es que ya está listo. El merengue no estará dorado. Si hay un elemento para dorar en su horno de microondas, ponga en el centro y dore por 3 minutos.

NOTA: Porque el tiempo de cocinar es tan corto, la corteza del pastel debe de estar horneada antes de añadir el relleno. Los pasteles de fruta con una corteza encima no se cocinan bien en el horno microonda. Use el horno convencional. Si su microondas tiene un plato giratorio o "Dual Wave" no tiene que mover el pastel.

BIENMESABE

INGREDIENTES:

2 tazas de leche de coco
6 yemas de huevos
2 tazas de azúcar
1 rajita de canela

PROCEDIMIENTO:

En un accesorio de aproximadamente 2 o 3 cuartillos bata las yemas bien. Añada el resto de los ingredientes y mezcle bien. Ponga en su microondas de 2 a 6 minutos en "High" máxima energía. Mueva la mezcla a mitad de tiempo.

NOTA: Puede sustituir la leche de coco por crema de coco 2 tazas y omita el azúcar. Puede servir el Bienmesabe sobre lascas de bizcocho esponjoso o tostadas dulces (ej. plantillas).

BIENMESABE INSTANTANEO

INGREDIENTES:

1 cajita Tembleque Goya 3.5 oz. o Royal
3 tazas de leche fresca
6 yemas de huevo
1 rajita de canela

PROCEDIMIENTO:

Bata las yemas de huevo bien. Añada las 3 tazas de leche (si la leche está fría de nevera, caliéntela por 2 minutos en "High" para que esté tibia). Agregue el contenido de la cajita de tembleque, mezcle bien. Ponga en su microondas por aproximadamente 2 a 6 minutos en "High", destapado. Mueva a mitad de tiempo. Sirva sobre bizcocho esponjoso, bizcocho ponqué o tostadas dulces, ej. plantillas.

BUDIN

INGREDIENTES:

1/4 mantequilla
2 tazas de azúcar
4 huevos
2 cdtas. vainilla
1 lb. pan especial (sin corteza)
1 lata leche evaporada
1 taza leche fresca
1 cajita de pasas
1 cdta. canela

PROCEDIMIENTO:

Se mezclan la mantequilla, azúcar, y poco a poco agregue los huevos y la vainilla. El pan especial se moja con la taza de leche para ablandarlo y se agrega a la mezcla, luego la leche evaporada y las pasas. Las pasas se deben mojar un poco para que no se vayan al fondo del molde. En un molde se hace caramelo (una taza de azúcar) y luego vierta la mezcla en el molde. Se pone en el microondas por 20 minutos en "Medium". Se debe chequear desde los 17 a 18 minutos. (En un horno primitivo se haría en baño de María por alrededor de 2 1/2 horas).

DULCE DE LECHE EVAPORADA

INGREDIENTES:

2 latas de leche evaporada
1 1/2 tazas de azúcar
Jugo de limón
Cáscara de limón verde
1 cdta. vainilla

PROCEDIMIENTO:

Una todos los ingredientes en un recipiente hondo de material adecuado para microondas. Cocine en "High" 20-30 minutos o hasta que espese a gusto. Si el recipiente no es lo bastante hondo, puede desbordarse, especialmente durante los últimos 10 minutos. Ponga un plato debajo del recipiente en que lo cocine para recoger el dulce si se desborda.

MANGO EN CONSERVA

INGREDIENTES:

4 ó 5 mangos maduros, pelados y cortados en pedacitos
1/2 taza vinagre de cidra (Cider Vinegar)
1/2 taza de azúcar
1/2 cdta. gengibre molido
1 rajita de canela
6 clavos de especies

PROCEDIMIENTO:

Combine todos los ingredientes excepto los mangos y ponga en su microondas, tapados, por 4 minutos en "High" (100% energía). Mueva una vez. Añada la fruta picada y mezcle bien. Vuelva a poner de 6 a 10 minutos en "High" (100% energía) hasta que la fruta esté blandita. Deje enfriar y luego refrigere.

NOTA:

1. Se debe dejar 24 hrs. en la nevera para que desarrolle bien el sabor. Se puede conservar refrigerada hasta por 1 mes.
2. Puede usar otras frutas como por ejemplo: el mamey - ¡Deliciosa!
3. Cuando saque la conserva de su microondas, siga moviéndola por unos minutos más. Esto ayuda en la textura ya que la fruta se distribuye bien. Deseche la espuma que forma.

MERMELADA DE GUINEOS MADUROS

(Rinde 1 pinta (2 tazas)

INGREDIENTES:

3 tazas de guineos maduros en rebanadas
1 1/2 taza de azúcar
1/4 taza jugo de china
3 cdas. jugo de limón
1 rajita de canela
2 clavos de especies

PROCEDIMIENTO:

Combine todos los ingredientes en un accesorio para microondas hondo. Hornee en "High" (100%) por 5 a 10 minutos, hasta que el azúcar se disuelva, mueva dos veces. Continue en "High" hasta que espese (consistencia de mermelada o conservas) alrededor de 8 a 12 minutos. Envásela en potes de cristal y deje reposar hasta que se asiente. Refrigere.

NOTA: Ideal para servir sobre el helado y pruébela con los sandwiches de mantequilla de maní. ¡Una gran experiencia para su paladar!

CIRUELAS PASAS EN ALMIBAR

INGREDIENTES:

1 caja de ciruelas de 16 oz.
4 oz. pasas
1 taza de azúcar
3/4 taza de agua
2 rajitas de canela

PROCEDIMIENTO:

Remojar las ciruelas y las pasas en el agua y el azúcar por 1/2 hora antes. Cocine en "High" de 6 a 8 minutos. Mueva a mitad de tiempo. Deje reposar y refrigere.

"PERAS AL VINO"

INGREDIENTES:

4 peras maduras y firmes
1 taza vino tinto (Burgundy)
1 lazca canela
Clavos de especie
2 cucharadas de mantequilla
2 cucharadas de azúcar

PROCEDIMIENTO:

1. Quite cáscara a las peras asegurándose que sus tallos queden intactos.
2. Colóquelos en sección alta de recipiente apropiado para cocinar al vapor. En la sección de abajo, eche el vino, canela y dos clavos de especie. Posteriormente, ponga tres clavos de especie cerca al tallo de cada pera.
3. Tape el recipiente y cocine en "TIME COOK POWER LEVEL" 10 "HIGH" por 10 minutos.
4. Transfiera las peras a bandeja honda.
5. Agregue mantequilla y azúcar al vino y cocine **destapado** por 1 a 3 minutos en "HIGH", o hasta que la mezcla espese un poco.
6. Vierta esta mezcla sobre las peras. Tápelas y colóquelas en la nevera de un día para otro. Rinde para 4 personas.

LANGOSTA VIVA

INGREDIENTES:

1 Langosta entera 1 1/2 lb. aprox.
Mantequilla
Limón
Sal y pimienta a gusto

PROCEDIMIENTO:

Ponga la langosta viva boca abajo y sujetandola fuertemente por el carapacho haga una incisión con la punta de un cuchillo fuerte entre el primer segmento del cuerpo y la cabeza de la langosta para cortar la médula espinal. A veces la langosta hace algunos movimientos que son reflejos pero ya está muerta. Puede insertar un palillo de pincho por el rabo, en la carne, para evitar que al cocinarse en enrosque o rize.

Coloque la langosta con el lado del carapacho duro para abajo, en un molde que pueda ir a su microondas, agregue 1/4 taza de agua y selle bien el molde con papel plástico para microondas. Cocine en High por 9 a 11 minutos. Voltee con el carapacho hacia arriba al pasar los primeros 6 minutos.

Derrita la mantequilla y añadale el jugo de limón, sal y pimienta a gusto. Sirva con la langosta en un moldecito aparte.

NOTA: Después de hecha la langosta puede remover la vena del intestino y una bolsita que se encuentra debajo de la cabeza.

RABOS DE LANGOSTAS

Los rabos de langostas se descongelan de 6 a 8 minutos por libra en "Defrost" y se cocinan de 5 a 6 minutos por libra en máxima energía (High).

PROCEDIMIENTO:
Corte el carapacho (puede ser por la parte blanda o dura) y con las manos despegue la carne y levantela un poco sobre el carapacho. Coloque los rabos en un molde para microondas (no es necesario añadir agua) y selle con papel plástico para microondas. Ponga el tiempo de acuerdo a las libras que esté cocinando.

DULCE DE CHOCOLATE SENCILLO

INGREDIENTES:

3 paquetes chocolates en pedazos ("chocolate chips")
    de 6 oz. cada uno (semidulces)
1 lata leche condensada
Pizca de sal
1 1/2 cdta. vainilla
1/2 taza nueces picaditos

PROCEDIMIENTO:

Derrita los chocolates en su microondas de 2 a 5 minutos en High. Muevalos hasta que esten cremosos y añadales el resto de los ingredientes. Use un molde de 1 o 2 cuartillos o una taza Pyrex de capacidad para 4 tazas. Prepare un molde cuadrado de aprox. 8" con papel parafinado - vierta la mezcla lo más uniforme posible.

Refrigere de 2 a 3 horas. Voltee en una tabla de picar y corte en cuadritos. Guardelos a temperatura de ambiente tapados. Rinde 1 3/4 lbs. de dulce aprox.

NOTA: Puede variar la receta añadiendole 3 cdas. de ron.

PALETAS DE GUINEOS MADUROS

INGREDIENTES:

Guineos maduros
Chocolates semidulces
Nueces picaditos
Paletas de madera

PROCEDIMIENTO:

Corte los guineos maduros por la mitad, sin pelarlos. Introduzca una paleta en cada mitad de guineo, congelelos.
Cuando los vaya a servir ponga, por cada paleta de guineo, de 10 a 15 segundos en High para ablandarlos y pelarlos. Derrita el chocolate y paselos por chocolate y luego las nueces. Ideal para una merienda bien nutritiva.

TABLA DE EQUIVALENCIAS

3 cucharaditas	1 cucharada
1 cucharada	1/2 onza
2 cucharadas	2 onzas (1/4 taza)
1 taza	8 onzas
2 tazas	1 pinta, 1 libra o 16 onzas
4 tazas	2 pintas, 1 cuartillo
1 pinta	16 onzas, 2 tazas
1 cuartillo	32 onzas, 2 pintas
1 libra	16 onzas, 2 tazas

INDICE ALFABETICO

ARROZ — 15
Información — 17
Blanco — 23
Con: Bacalao — 50
    Chorizo Rápido — 27
    Chuletas — 41
    Congri — 35
    Fácil — 29
    Gandules — 28
    Haydeé — 42
    Hawaiano - 30
    Leche — 37
    Lina — 43
    Maiz — 34
    Mejicano — 40
    Pilaf — 31
    Pollo a la Boricua — 32
    queso Relleno — 44
    Relleno con Carne de Cerdo — 38
    Repollo y Limón — 26
    Salchichas — 36
    Sardinas de Quique — 51
    Tio Chiqui — 49
    Tocino — 24
    Vegetales — 25

ASOPAO — 55
    Básico — 57
    Camarones — 60
    Pollo — 59

APERITIVOS Y ENTREMESES — 229
    Ventajas — 238
    Barritas de Datiles y Nueces — 248
    Besitos de Coco — 244
    Chorizos Españoles — 243
    Delicias de Datiles — 239
    Dip de Jueyes — 249
        Habichuelas Negras — 240
        Huevos y Tocineta — 245
        Mariscos — 246

Fondue de Queso — 241
Hot-dogs en Salsa Agridulce — 245
"Mousse" Pollo — 247
Pisto — 241
Rollitos de Jamón y Piña — 244
Setas al Ajillo — 242
Tartaletas de Langosta — 249

AVES — 61
    Pavo — 85
        Adobo Básico Criollo — 89
        Con Broccoli — 92
        Relleno basico — 90-91
        Salsa Queso para Broccoli con Pavo — 93
        Sandwich de Queso y Pavo — 94
        Sobrantes de Pavo — 92
    Pechuga —
        Parmegiana — 70
        Pollo con Aguacate y Queso — 77
        Relleno Mexicano — 79
        Relleno de Jamón y Queso y Salsa de Vino — 81
        Relleno — 83
    Pollo —
        Agridulce — 76
        A la Italiana — 80
        Asado — 65
        Borracho — 75
        Curry — 78
        Cacerola Pollo Mejicana — 84   Mejicano
        Encebollado — 72
        Horneado — 66
        Fricasé Rápido — 71
            De la Abuela — 73
        Hierba Amantequillado — 68   Hierbo
        Gravy para Pollo al Perejil — 67

BEBIDAS —
    Bull de China y Guayaba — 250
    Frutas No. 1 — 251
    Frutas No. 2 — 252
    Cidra con Naranja Caliente — 254
    Limonada de Navidad — 251

  Mabi — 253
  Néctar Dorado — 252
  Ponche de Vino Blanco y Frutas — 250
  Vino Caliente — 254
BIZCOCHO — 263
  Basico
    Cheese Cake — 209
  Azucarado
    Chocolate I — 277
    Chocolate II — 277
    Mantequilla — 276
    Variaciones — 276
  De Piña — 266
  De Batata — 272
    Chocolate — 273
    Chocolate con Cherry — 268
    Mantequilla — 274
    Zanahorias — 267
  Cupcakes
    Glaceado de China — 275
  Pasteles Dulces (Pies) — 265
  Sopa Borracha — 280
CARNES — 153
  Información — 155-158
  Albondigas —
    Alemanas con Repollo Agrio — 181
    Criollas — 175
    Meat Loaf — 164
  Asado
    Carne con Cerveza — 174
    Pierna de Cordero — 179
  Biftec Encebollado — 161
  Canoa de Amarillos — 171
    Rellenos con Sapaguetti y Albondigas — 172
  Carne Guisada — 162
  Mechada — 163
  Cerdo o Res Tipo Chino (Stir Fry) — 184
  Guiso de Maiz — 169
  Chuletas Ahumadas — 170
    A la Jardinera — 166
  Corned Beef con Queso — 167
    Pastel — 183
  Jamon Horneado — 178
    Rollo Jamón Glaceado — 177
  Jamonilla con Piña — 185

Higado a la Italiana — 161
Pernil al Horno — 158
Pepper Steak — 168
Pinchos Teriyaki — 173
Roast Beef — 158
Rollo Repollo Hungria — 180
Steak Pizzaiola — 172

CEREALES — 229
    Avena — 231
        Con Pasas — 232
    Crema Farina — 232
    Leche Condensada Casera — 237
    Majarete Jibaro — 233
    Maicena — 233
    Natilla — 235
        Tia Nena — 235
    Tembleque de Navidades — 234
    Tres leches — 236

FLAN — 257
    Información — 257
    Caramelo — 258
    Calabaza — 259
    De Queso — 258
    Queso con Leche Evaporada — 261
    Panapen — 262
    Piña — 260

FRUTAS —
    Información — 191
    Guineos con Ron y Mantequilla — 213
    Manzanas Asadas — 214
        Rebanadas — 215
    Piña Rellena — 211
    Toronjas Horneadas — 212

GRANOS — 95
    Información — 97
    Habichuelas — 99
        Blancas — 99
        Coloradas — 99
        Bollos de Platano — 102

　　　　　　　Frijoles Negros — 105
　　　　　　　Gandules Frescos — 101
　　　　　　　Garbanzos — 100
　　　　　　　Guisadas de Lata — 104
　　　　　　　Lentejas — 103
　　　　　　　Rosadas Secas — 99
　　　Sofrito — 98

HUEVOS — 107
　　　Información — 109
　　　Al Perico — 117
　　　Aro de huevo — 121
　　　Con Cebolla — 111
　　　　　　Chayote — 112
　　　　　　Salsa de Crema de Esparragos — 115
　　　　　　Salsa de Guisantes — 113
　　　En Nido a la Vinagreta — 114
　　　Fritos — 110
　　　Rellenos con Anchoas — 123
　　　Revueltos — 110-111-112
　　　Tortilla —
　　　　　　Española — 118
　　　　　　Francesa — 122
　　　　　　"Souffle" — 120

PASTAS — 217
　　　Información — 219
　　　Canelones de Carne — 223
　　　Fettucine a la Carbonara — 227
　　　Lasagña Italiana — 222
　　　　　　Con Pasta Cruda — 223
　　　　　　De Raviolis — 225
　　　Pasticho — 220
　　　Pizzitas Criollas — 224
　　　Spaghetti con Ajo y Aceite — 226

PESCADO Y MARISCOS — 125
　　　Información — 127
　　　Al Mojo Isleño — 133
　　　Atún al Horno — 145
　　　　　　Budin — 146
　　　　　　　Cacerola — 131
　　　Bacalao a la Vizcaina — 147
　　　Camadas de Bacalao — 148

　　　　Camarones Scampi — 132
　　　　Cocquilles de Camarones y Pescado — 138
　　　　Filete de Pescado — 149
　　　　　　　Con Mayonesa y Mostaza — 142
　　　　　　　Salsa Verde — 130
　　　　　　　Gratinados — 136
　　　　Enteros en Salsa — 135
　　　　Escabeche — 140
　　　　Ostras Rockefeller — 128
　　　　Salmon Guisado — 144
　　　　Tiburon Criollo — 143

PAELLA
　　　　Valenciana de Gilberto Casas — 46
　　　　　　　Caldo — 46
　　　　　　　Ingredientes — 46
　　　　Paellita de Dña. Carmen — 52

PASTELES
　　　　Arroz — 210
　　　　Maza — 210

POSTRES —
　　　　Bien Me Sabe — 284
　　　　Budin — 286
　　　　Ciruelas Pasas en Almibar — 290
　　　　Dulce de Leche Evaporada — 287
　　　　Mango en Conserva — 288
　　　　Mermelada de Guineo Maduros — 289
　　　　Pan de Guineo — 270
　　　　Pan de Maiz — 278
　　　　Para Café "Sorpresa de Manzana" — 279
　　　　Pasteles Dulces (Pie) — 265
　　　　　　　Calabaza — 281
　　　　　　　Limón Doble — 282
　　　　　　　Merenque — 283
　　　　　　　Relleno — 283
　　　　Peras al Vino — 291
SALSA —
　　　　De: Alcaparras — 150
　　　　　　　Bechamel — 220
　　　　　　　Mantequilla y Limón — 150
　　　　　　　Queso — 93-139-193

            Para Albondigas — 176
            Tocineta y Cebollines — 151
            Vino y Ajo — 151

VEGETALES —
    Información — 189
    Aguacates Rellenos Caliente — 207
    Amarillos en Almibar — 208
            No. 1 — 208
            No. 2 — 209
    Batata
            Cacerola — 199
            Rellenas — 201
            Salsa de China — 206
    Brecol
            Palmitas en Ajo y Mantequilla — 198
    Calabaza — 193
    Chayotes — 196
            Boronia — 196
    Frescos — 192
    Maiz Gratinado — 194
    Papas —
            Asada — 204
            Caliente — 203
            En Mantequilla — 197
            Rapiditas — 204
            Pastel de Jamón y Papas — 205
    Pimientos Rellenos — 202
    Remolacha Harvard — 200
    Tomates Provenzal — 195
            Rellenas — 195
    Verduras del País
            Viandas — 210
    Plátanos verdes y maduros — 190
    Bollos de Plátanos — 102

OTRAS RECETAS

Langosta Viva — 292
Rabos de Langosta — 293
Dulce Sencillo de Chocolate — 294
Paletas de Guineos Maduros — 295

NOTAS

NOTAS

NOTAS